MOODLE 3
PARA GESTORES, AUTORES E TUTORES

MOODLE 3
PARA GESTORES, AUTORES E TUTORES

Robson Santos da Silva

Novatec

Editor: Rubens Prates
Capa: Victor Bittow
Revisão gramatical: Marta Almeida de Sá
Editoração eletrônica: Camila Kuwabata

ISBN: 978-85-7522-514-1

Histórico de impressões:

Agosto/2016 Primeira edição

Novatec Editora Ltda.
Rua Luís Antônio dos Santos 110
02460-000 – São Paulo, SP – Brasil
Tel.: +55 11 2959-6529
E-mail: novatec@novatec.com.br
Site: www.novatec.com.br
Twitter: twitter.com/novateceditora
Facebook: facebook.com/novatec
LinkedIn: linkedin.com/in/novatec
IG20160725

Sumário

Agradecimentos

Chegamos à 4ª edição deste livro. Este é um momento importante para renovar os agradecimentos a todas as pessoas que acreditaram no meu trabalho e compraram os milhares de exemplares das edições anteriores. Aproveito ainda para dar um especial obrigado aos professores João Mattar, Marco Silva, à ABED e à editora Novatec pelo apoio para que este livro se tornasse realidade. Por fim, agradeço a toda a comunidade que utiliza o Moodle e que se esforça para que, por meio de novos recursos e novas atividades, esse maravilhoso software, a cada dia, ofereça novas e melhores possibilidades à educação no Brasil e no mundo.

“Quem sonha o absurdo alcança o impossível.”

– Miguel de Unamuno

Apresentação

A educação a distância cresce na mesma proporção que o termo web 2.0 – considerado o segundo estágio da web – ganha adesão de muitos teóricos e desenvolvedores da internet. Na web 1.0, os sites se assemelhavam à televisão, uma vez que serviam como fonte unidirecional de informação, devendo ser assistidos e copiados. Na web 2.0, a atitude do usuário pode – em termos técnicos e culturais – ir além da postura de espectador/consumidor. A substituição dos sites pelos blogs e pelas redes sociais online cria uma modalidade de comunicação social que é sustentada por pessoas e grupos que participam e colaboram com o conhecimento produzido.

Nesse contexto, gostaria de situar o livro *Moodle para autores e tutores*, de Robson Santos da Silva, no contexto sociotécnico da web 2.0. Na esfera social, o usuário de internet vem se tornando um novo espectador, menos passivo diante da mensagem mais aberta à sua intervenção. Ele aprendeu com o controle remoto da TV, com o joystick do videogame e agora aprende com o mouse e com a tela imersiva. Evita acompanhar argumentos lineares que não permitam sua interferência e lida facilmente com ambientes midiáticos que dependam de seu gesto instaurador, que cria e alimenta sua experiência comunicacional. Na esfera das tecnologias digitais, o computador conectado à internet permite a criação e o controle dos processos de informação e comunicação, mediante ferramentas e interfaces de gestão. O computador online apresenta-se como sistema aberto à interação, a informações e à construção coletiva do conhecimento.

O cenário da web 2.0 vem dessa combinação do social com a tecnologia digital online. Sua dinâmica comunicacional permite que as pessoas reconheçam umas as outras, que construam comunidades e criem conexões antes inimagináveis. Essa dinâmica comunicacional é capaz de conectar as pessoas e permitir compartilhamento e colaboração. É movida por usuários, por gestos ou redes sociais. Uma pessoa pode se comunicar com muitas outras; todos podem encontrar os demais e colaborar com toda a comunidade virtual. As pessoas podem publicar rapidamente, com facilidade, podem ser encontradas e lidas, e outras podem reagir a seus conteúdos. O controle é dos usuários, que são motivados a se envolver em redes de contato na mídia social e valorizam a liberdade de colaboração, de escolha, de interação e conhecimento.

Este livro apresenta as funcionalidades e potencialidades do Moodle, um ambiente online para docência, aprendizagem e gestão acadêmica que emerge no contexto sociotécnico da web 2.0. Software livre, desenvolvido socialmente a partir da proposição de um criador inicial, lançado na rede com código aberto, o Moodle é uma das primeiras e mais importantes expressões da web 2.0. Foi concebido por Martin Dougiamas em 1999, na Curtin University of Technology, em Perth, na Austrália, "com intuito de fomentar um espaço de colaboração online, no qual os usuários poderiam intercambiar saberes, experimentando, criando novas interfaces para o ambiente em uma grande comunidade aberta".[1] Evoluiu em função da vontade social e em consequência das potencialidades da tecnologia digital. A vontade social é menos a do receptor e mais a do colaborador, coautor. E as potencialidades do computador, do celular e da internet são cada vez mais surpreendentes.

Por isso o Moodle é um dos ambientes virtuais de aprendizagem que mais crescem em qualidade e adesão social no cenário também crescente da educação na modalidade online. É um potente gerador de salas de aula capazes de contemplar mediação docente e aprendizagem participativa, colaborativa. Suas salas de aula "virtuais" podem potencializar o ofício dos professores e o trabalho dos cursistas. Dispõe de interfaces de conteúdos capazes de criar, gerir, organizar, fazer movimentar uma documentação completa (textos, grafismos, imagens, vídeos, áudios) e de interfaces de comunicação capazes de favorecer autoria e colaboração (email, fórum, chat, wiki, blog).

Atento a tudo isso, Robson nos oferece este livro muito bem-vindo e oportuno quando é muito forte a oferta de cursos online e muitíssimo fraca a formação de professores para a docência online. Mesmo atualmente, o professor vem da tradição presencial e da pedagogia da transmissão de lições padrão. Ao mesmo tempo é, em muitos casos, um excluído digital

1 ALVES, L., OKADA, A., BARROS, D. *Moodle: estratégias pedagógicas e estudo de caso*. Salvador: EDUNEB, 2009, p. 7.

que não sabe se situar na web 2.0 ou que teve poucas oportunidades de ir além da web 1.0. Esse professor certamente subutiliza o Moodle e, o que é pior, prejudica a formação e a educação do indivíduo.

Sabemos que educação de qualidade, segundo Dewey, Freinet, Vygotsky, Anísio Teixeira e Paulo Freire, engloba interação, compartilhamento e colaboração entre professores e alunos. Curiosamente, são três palavras que representam a dinâmica comunicacional da web 2.0 contemplada no Moodle. Caberá à formação continuada do professor para docência presencial e online com uso do Moodle prestar especial atenção a elas. Caberá à formação verdadeiramente comprometida com a expressão efetiva da finalidade da educação uma sintonia fina com nosso tempo sociotécnico. Neste livro, essa formação atenta e engajada encontra guarida e motivação. Há nele uma fácil, farta, concisa e direta orientação sobre as funcionalidades e potencialidades do Moodle, que culminam em possíveis conexões com outros ambientes e outras funcionalidades da web 2.0, como Skype, Twitter, Facebook, Second Life, Ning etc. Em suma, Robson Santos da Silva, por meio desta obra, oferece ao público um valioso instrumento para formação de autores e tutores em nosso tempo marcado pela cibercultura.

Marco Silva
mparangole@gmail.com
www.saladeaulainterativa.pro.br

Prefácio

Acredite se quiser: conheci o Robson a distância, via (e no) Moodle, há pouco tempo. Quando fui convidado, em 2009, pela Associação Brasileira de Educação a Distância (Abed) para coordenar o 7º Seminário Nacional Abed de Educação a Distância (Senaed), que deveria ser realizado totalmente online pela primeira vez, deu *tilt*! Aceitei o desafio (com menos de dois meses para organizar e colocar tudo em prática) e, ainda por cima, decidi usar várias ferramentas e plataformas no evento, mas com uma condição: só aceitar aqueles que eu acreditasse que funcionariam, pois não havia tempo para testar nada. Como você pode imaginar, muita gente se ofereceu com o Moodle debaixo do braço. Afinal, hoje, todo mundo se diz *moodlista*, assim como, há algum tempo, todo mundo se diz construtivista.

Num primeiro momento, desconfiei do Robson, assim como de todos os especialistas em Moodle. Porém ele mostrou-se persistente, modesto e empenhado. Aos poucos, então, fui me sentindo à vontade, e hoje tenho um amigo que admiro muito. Tivemos mais de 2 mil participantes no Senaed, e apenas nas atividades realizadas no Moodle da ABED teve 643 participantes. Isso mesmo, 643 pessoas de todo o Brasil participaram de atividades interativas de educação a distância no Moodle em 2009, organizadas pelo Robson.

Tal feito já o qualifica como um autor com credibilidade para escrever sobre esse ambiente de aprendizagem, mas não é só isso. Robson é um especialista em ferramentas da web 2.0, um educador com senso de mercado, um visionário. Você perceberá que o livro é, às vezes, um pouco técnico, com várias imagens e quadros, mas isso faz parte da visão do Robson, a visão de como você deve se aproximar e dominar esse ambiente virtual de aprendizagem que conquistou não apenas o Brasil, mas todo o mundo.

Técnicos no Moodle há vários; e professores e alunos que o usaram com sucesso, sem dúvida, bem mais. No entanto a proposta deste livro não é essa. Ao lê-lo, você terá vários insights de como utilizar o Moodle em EaD, com seus alunos, para montar cursos, educar e construir.

Há poucos livros disponíveis sobre o uso do Moodle em educação, mas este é especial. Foi escrito por um educador que sabe como usar a tecnologia a favor dos educadores. Você já ouviu falar de ICT-TPCK? Começou como PCK (pedagogy, content, knowledge ou pedagogia, conteúdo e conhecimento) sobre um assunto. Posteriormente, acrescentou-se o T de technology (tecnologia). Recentemente, Angeli e Valanides[1] deixaram claro que o T deveria ser ligado à ICT (information and comunication technology ou tecnologia da informação e da comunicação). É isso o que você encontrará aqui: uma combinação de pedagogia, tecnologias (da comunicação e da informação) e conteúdo. Um caminho. Um futuro.

Depois desses encontros virtuais, deparei-me com o Robson em Manaus. Passamos um dia inteiro juntos com o Marco Silva, jogando conversa fora (quase sempre de EaD) em bares flutuantes nos rios do Amazonas. Hoje, posso dizer que tenho um grande amigo e também uma grande editora.

A Novatec já havia publicado dois títulos sobre o Second Life quando aceitou em 2007 prontamente publicar *Second Life e Web 2.0 na Educação*, de minha autoria. Era um momento de *frisson* em relação ao Second Life, mas o livro sobrevive até hoje, independentemente da plataforma. Assim como o Robson, ela foi visionária. Visionários, aliás, antes de mim. Aqui você tem a alquimia da visão. Um empurrão para o futuro. Uma degustação.

Aproveite. Conversaremos daqui a alguns anos sobre tudo isso e, com certeza, nos lembraremos do Robson, do livro e da Novatec. Independentemente do Second Life ou do Moodle, o tema é educação.

Até lá!

João Mattar
http://blog.joaomattar.com

---

1 ANGELI C., VALANIDES, N. *Epistemological and methodological issues for the conceptualization, development, and assessment of ICT–TPCK: advances in technological pedagogical content knowledge (TPCK). Computers and Education*, v. 52, n. 1, p. 154-168, 2009.

Introdução

As tecnologias da informação e comunicação (TIC) evoluíram significativamente nos últimos trinta anos. Com elas, as noções de tempo e espaço ganharam novas dimensões e tiveram reflexos diretos na educação. A linha que antes delimitava o ensino presencial e a distância está desaparecendo e faz surgir uma nova realidade. Uma simples constatação disso pode ser feita quando se verifica o quanto ambas as modalidades incorporam possibilidades, funções e atividades que eram típicas da outra. Esse fenômeno se deve, basicamente, a dois fatores. De um lado, os profissionais que lidam com a modalidade a distância passaram a perceber que ela pode ser melhor se possibilitar, entre outras coisas, a interação. Por sua vez, na educação presencial, incorpora-se a concepção de que todas as tecnologias, com destaque para as digitais, podem e devem ser utilizadas para aprimorar o processo de ensino-aprendizagem. Dessa forma, gradativamente, passa-se do "presencial" ou "a distância" para o "presencial mediado", ou melhor, para uma aprendizagem que usa a mediação tecnológica, fazendo com que o experimento, a simulação e a coletividade sejam realidades efetivas.

As mudanças viabilizadas pela comunicação digital fazem com que as práticas pedagógicas sejam constantemente repensadas, pois o conhecimento e a aprendizagem passaram a acontecer em todo momento e por meio de inúmeras possibilidades, sobretudo em função da infinidade de mídias e tecnologias disponíveis. Nesse contexto, a Internet ocupa posição de destaque, pois é base que sustenta a produção coletiva do conhecimento que a humanidade está experimentando. Suas salas de bate-papo (chat), seus fóruns, o correio eletrônico (email), as bibliotecas virtuais, os blogs, wikis, glossários e as simulações já seriam suficientes para ilustrar seu potencial transformador, mas, quando se considera que todos os seus usuários podem escolher, gerenciar, configurar, produzir e compartilhar a informação, a internet se reveste de um potencial que, nos dias atuais, ainda é impossível de prever em termos de consequências tanto para a educação quanto para as demais áreas da ação humana.

Apesar de ser um momento natural na evolução da sociedade humana, incorporar a virtualização não é uma tarefa fácil para toda uma geração de educadores oriunda da "era analógica". Trata-se de um desafio que mesmo as universidades e os cursos de formação de educadores ainda se esforçam para conseguir alcançar.

Ambientes virtuais de aprendizagem

Os ambientes virtuais de aprendizagem (AVA), também conhecidos como Learning Management System (LMS) ou Sistema de Gerenciamento do Aprendizado, são softwares que, disponibilizados na internet, agregam ferramentas para a criação, a tutoria e a gestão de atividades que normalmente se apresentam na forma de cursos. Sendo constituídos a partir do uso de diferentes mídias e linguagens, a intenção é proporcionar não só a disponibilização de conteúdos, mas principalmente plena interatividade e interação entre pessoas e grupos, viabilizando, por consequência, a construção do conhecimento.

Atualmente, há muitos ambientes virtuais de aprendizagem comerciais e gratuitos disponíveis no mercado. Aulanet, Claroline, eFront, Atutor, OLAT, Docebo, Dokeos, Ilias, Openelms, Moodle e Sakai se destacam como algumas das melhores opções. Entre essas, o Moodle (Modular Object-Oriented Dynamic Learning Environment) é o software de código aberto que tem alcançado maior aceitação em relação aos outros. Desde seu lançamento, em 2001, já foram identificadas milhares de instituições que o utilizam para atender a diferentes tipos de público e necessidades. Entre os inúmeros fatores que contribuem para o sucesso do software, destacam-se a usabilidade, a interface intuitiva e, principalmente, o fato de possibilitar uma perspectiva dinâmica da aprendizagem em que a pedagogia socioconstrutivista e as ações colaborativas ocupam lugar de destaque. Nesse contexto, seu objetivo é permitir que processos de ensino-aprendizagem ocorram por meio não apenas da interatividade, mas, principalmente, pela interação, ou seja, privilegiando a construção/reconstrução do conhecimento, a autoria, a produção de conhecimento em colaboração com os pares e a aprendizagem significativa do aluno.

CAPÍTULO 1

Gestão: aspectos fundamentais

A cada nova versão, os procedimentos para instalação e manutenção do Moodle têm sido simplificados. Isso significa que, após sua customização, a maior parcela de responsabilidade caberá aos gestores dos programas educacionais na instituição, pois o grande desafio passa a ser assegurar adequadas condições didáticas, e não os aspectos técnicos de informática. Assim, neste primeiro capítulo, serão identificadas as principais características do Moodle que afetam diretamente a ação dos gestores. O objetivo é permitir que importantes ações possam ser implementadas diretamente por esses profissionais e seus auxiliares diretos sem a necessidade de pedidos de apoio aos setores de tecnologia da informação (TI). São comuns os casos em que os projetos não se consolidam em virtude de conflitos advindos de solicitações incorretas ou mesmo pela falta de técnicos capacitados, o que, na prática, pode ser facilmente resolvido com a compreensão dos aspectos aqui apresentados.

É fundamental que o acesso do gestor de EAD da instituição tenha as mesmas permissões inerentes ao administrador do Moodle caso essas funções sejam desempenhadas por pessoas diferentes.

1.1 Download e instalação

No site oficial do Moodle (*www.moodle.org*), encontram-se disponibilizadas as últimas atualizações do software. Entre as várias opções existentes, merece destaque o link `<Downloads>`, Figura 1.1, em que o visitante poderá baixar a mais recente versão estável do software e diversos tipos de plugins, ou seja, ferramentas que, acrescentadas ao pacote original, viabilizam novas funcionalidades ou algum tipo de melhoria nos aspectos administrativos, docentes ou discentes.

Figura 1.1 – Downloads.

Para cada um dos elementos disponíveis, há instruções que descrevem como deve ser realizado o processo de instalação, incluindo-se os softwares do servidor e, no caso dos plugins, as versões do Moodle com as quais são compatíveis, conforme se pode observar na Figura 1.2.

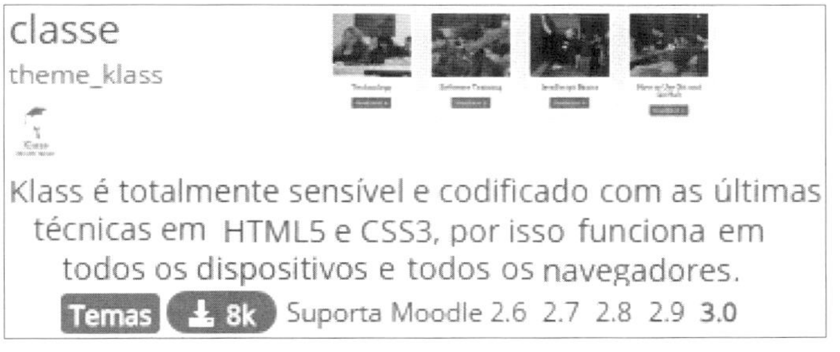

Figura 1.2 – Instruções.

1.2 Menus de administração

As pessoas com perfil de administrador têm acesso à permissão que viabiliza a configuração de todos os elementos estruturantes do Moodle (Figura 1.3), a partir, respectivamente, dos menus de **configuração da página inicial** e **administração do site**.

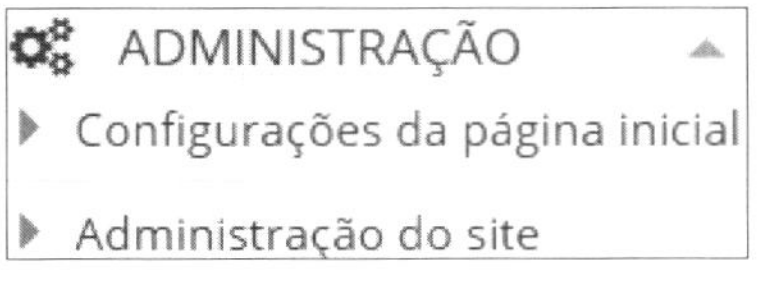

Figura 1.3 – Menus de administração.

As explicações apresentadas a partir deste ponto serão mais bem entendidas se, juntamente com a leitura, as considerações forem colocadas em prática diretamente no Moodle, que deverá ser acessado com login de administrador.

1.2.1 Configuração da página inicial

O menu **configuração da página inicial** (Figura 1.4) agrupa, principalmente, as funcionalidades que se destinam à estruturação da página principal, ou seja, aquela que é vista pelos usuários antes e depois do acesso por meio de login e senha. Além disso, contém outras ferramentas preliminares relacionadas aos usuários, aos filtros, aos relatórios, ao backup, à restauração e ao banco de questões.

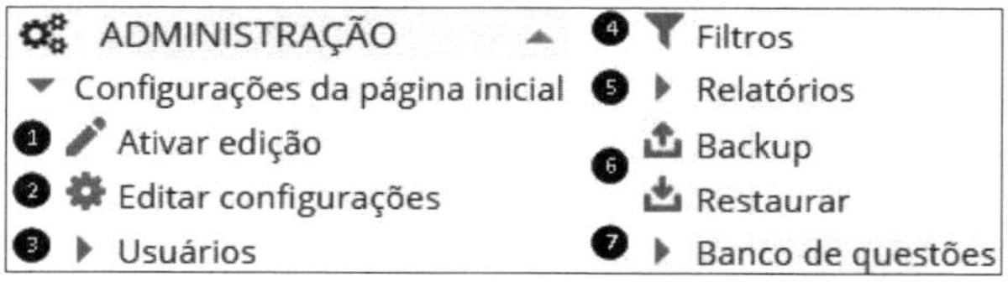

Figura 1.4 – Menu página inicial.

❶ **Ativar edição** – É a partir de seu acionamento que as ferramentas necessárias para modificar a página inicial são disponibilizadas. Conforme se observa na Figura 1.5, além do menu para se adicionar novos blocos laterais, recursos e atividades, há ícones para a configuração e a mudança de posição de todos os elementos disponíveis.

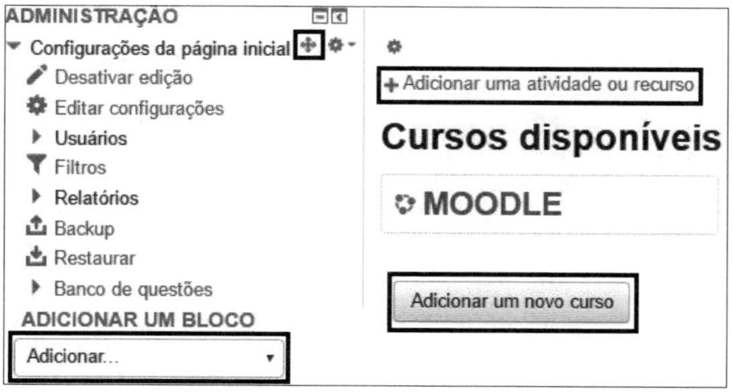

Figura 1.5 – Ativar edição.

❷ **Editar configurações** – Ao acessar este link, o administrador terá acesso a um formulário onde poderá inserir: nome do AVA, nome breve (sigla do site), descrição do site (breve resumo) e o que visitantes e participantes irão ver caso ainda não tenha acessado o ambiente com seu login e senha, como se vê na Figura 1.6.

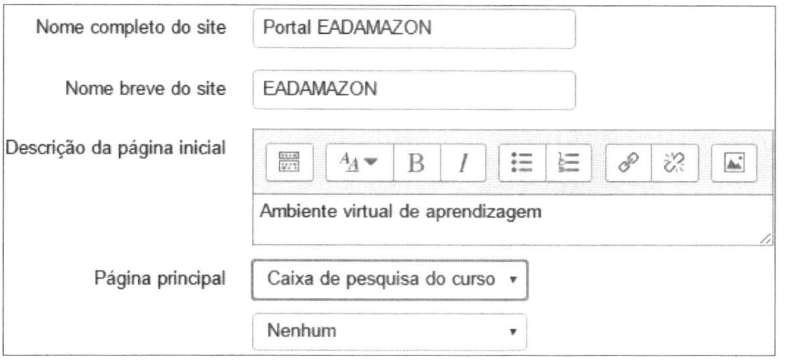

Figura 1.6 – Editar configurações.

Além de se determinar o que os participantes irão visualizar após o acesso ser autorizado, pode-se também estabelecer a quantidade de categorias e cursos visíveis, notícias, comentários, disponibilização de recursos ou atividades (seção de tópicos) e o papel-padrão das pessoas cadastradas no AVA até que sua condição seja alterada (Figura 1.7).

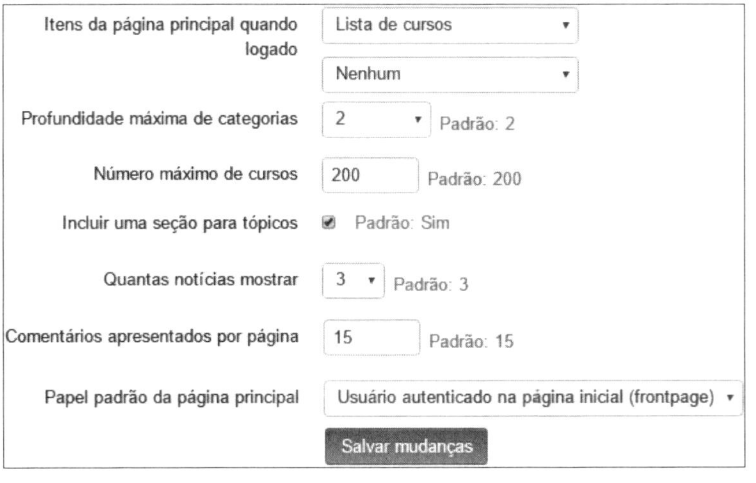

Figura 1.7 – Configurações complementares.

❸ **Usuários** – Permite dividir os usuários em grupos e conceder permissões especiais apenas para atuar na página inicial.

❹ **Filtros** – Viabiliza a ativação e desativação de elementos multimídia, interligação de elementos internos e a forma como o AVA permite o deslocamento de elementos (Ajax). A melhor condição é manter todos os filtros em funcionamento.

❺ **Relatórios** – O Moodle é reconhecido pela sua excelência como software de apoio à gestão do conhecimento. No entanto, muitos dos aspectos relativos à área administrativa ainda carecem de melhorias significativas. Os relatórios, apesar de terem recebido atenção especial nos últimos anos, ainda necessitam de aperfeiçoamentos para que se tornem mais funcionais.

Na página inicial, os relatórios (Figura 1.8) de maior relevância disponíveis são:

- **Logs** – Indica os acessos ao AVA e os locais acessados pelos participantes.
- **Logs ativos** – Indicam os acessos que estão ocorrendo no exato momento em que o relatório é gerado.
- **Regras de monitoramento de eventos** – O sistema monitora áreas de interesse, ou seja, recursos e atividades, específicos em todo o site. Desta forma, pode-se, por exemplo, saber quantas mensagens foram trocadas em todos os fóruns disponíveis no AVA.

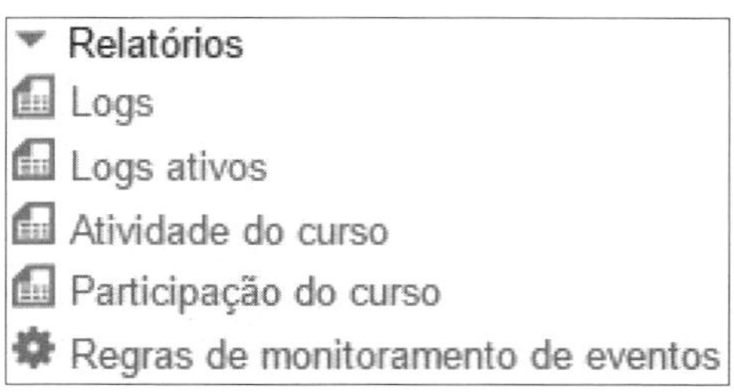

Figura 1.8 – Relatórios.

Os relatórios de atividades e participação no curso são mais completos quando acessados a partir da caixa de administração do curso que será visto posteriormente.

❻ **Backup e Restaurar** – O Moodle permite que sejam realizados o backup e o download de qualquer curso ou atividade nele produzidos. Além disso, contém ferramentas para restaurar cursos próprios ou importados de outros AVAs.

❼ **Questões** – Ao acessá-lo, é possível criar um banco de questões que fica disponível para todos os administradores, professores e tutores, que, por sua vez, poderão utilizá-lo para criar avaliações, questionários e outras atividades que se fizerem necessárias.

1.2.2 Administração do site

Este é o menu (Figura 1.9) que agrupa todas as demais funcionalidades necessárias à gestão do AVA. A partir dele é possível fazer a gestão de usuários, cursos, notas, idiomas, plugins, segurança, aparência, relatórios, entre outras funções.

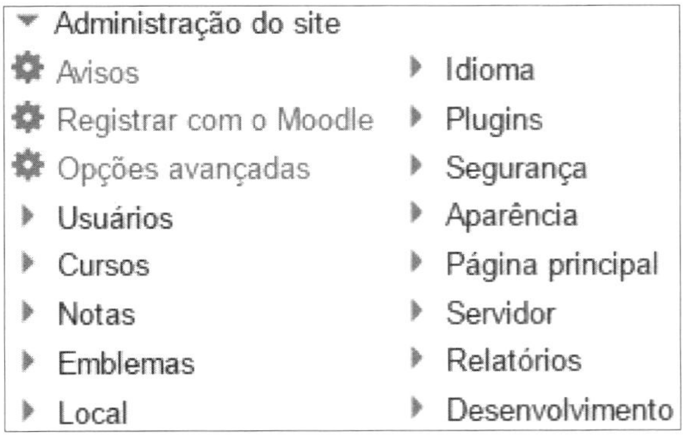

Figura 1.9 – Administração do site.

O clique em cada um dos submenus e links que integram o menu de **Administração do site** resultará em inúmeras possibilidades de configuração. Desta forma, considerando-se a linha de trabalho apresentada no início deste capítulo, iremos nos aprofundar apenas nos aspectos com maior relevância para o cotidiano do gestor. Destaca-se ainda que as ações indicadas não requerem conhecimento avançado de informática, podendo assim ser facilmente compreendidas.

1.2.2.1 Avisos

Viabiliza a identificação da versão que está sendo utilizada e a data em que o Moodle foi instalado ou teve um upgrade efetivado. Além disso, faz a busca das últimas atualizações disponíveis e compatíveis com o sistema em uso, conforme mostra a Figura 1.10.

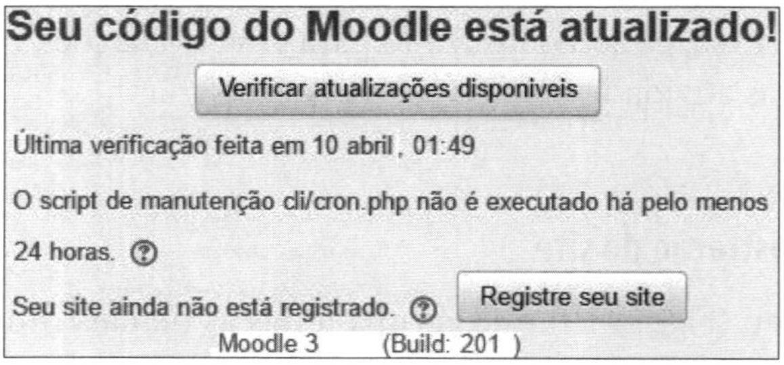

Figura 1.10 – Avisos.

Deve-se observar ainda que há um botão que, se acionado, abre um formulário para que o AVA possa ser registrado junto à comunidade internacional de pessoas e instituições que utilizam o Moodle. Esta ação também pode ser realizada a partir do link <Registrar com Moodle.org>, que integra o menu **Administração do site**.

1.2.2.2 Opções avançadas

Em opções avançadas, há elementos cuja escolha fará grande diferença na utilização do AVA. Evidentemente, cada situação demandará necessidades específicas. No entanto os elementos essenciais e que, por isso, devem ficar habilitados são:

- Habilitar resultados da aprendizagem
- Habilitar portfólios
- Habilitar webservices (particularmente, por causa dos aplicativos para tablets e smartphones)
- Habilitar sistema de mensagens
- Habilitar estatísticas
- Ativar acompanhamento de conclusão
- Permitir o acesso condicional

1.2.2.3 Usuários

Para que uma pessoa possa ter qualquer tipo de acesso ao Moodle, é preciso que seja feito o seu registro, ou autorregistro, e, posteriormente, que seja concedida uma permissão para que a função que lhe couber no AVA possa ser desempenhada, incluindo-se administrador, autor, professor/tutor, aluno ou quaisquer outras funções que possam ser customizadas.

Ao ser acionado, serão disponibilizados dois submenus – **contas** e **permissões** –, que, por sua vez, darão acesso a outras funcionalidades (Figura 1.11).

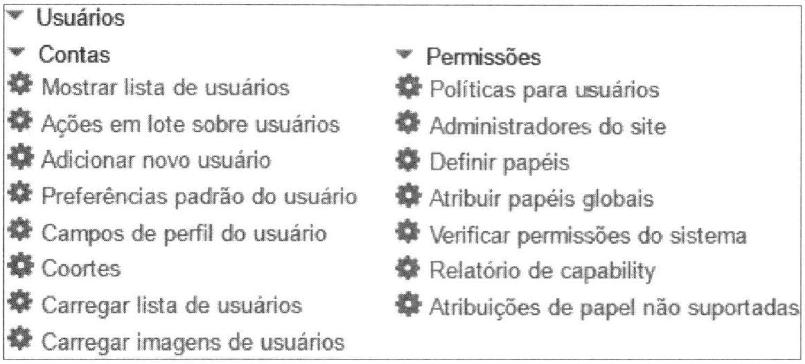

Figura 1.11 – Usuários.

Contas

A partir do submenu **contas**, podem ser realizadas as seguintes operações: mostrar listas de usuários; realizar ações com impacto sobre vários participantes; definir preferências para a ação e informações que deverão compor o formulário de inscrição de um usuário; customizar o sistema para que as inscrições possam ser realizadas em mais de um curso ou uma atividade simultaneamente por meio dos `<coortes / cohort>`; fazer o upload de um banco de dados contendo vários usuários; e inserir fotos de usuários por meio de listas externas.

Cada uma das funcionalidades tem como característica comum o fato de ser de fácil manuseio. Por exemplo, ao clicar em **mostrar lista de usuários**, o administrador terá acesso a todas as pessoas que estiverem inscritas no Moodle, independentemente de sua função, ou seja, trata-se de uma lista genérica de pessoas que podem acessar o Moodle. Uma vez visualizada, torna-se possível a realização de outras importantes ações que incluem busca, adição de novos participantes, bem como a exclusão, a suspensão ou a modificação dos dados de um usuário existente a partir dos ícones apresentados na Figura 1.12.

Figura 1.12 – Mostrar listas de usuários.

Para obter uma lista de pessoas inscritas em um curso, deve-se acessá-lo e, a partir do menu **Administração do curso**, clicar, sucessivamente, em <Usuários> e <Usuários inscritos>.

A <ação em lote sobre usuários> é uma funcionalidade bastante útil, pois, a partir de uma rápida seleção, torna-se possível o desenvolvimento de várias atividades de comunicação e geração de relatórios (Figura 1.13).

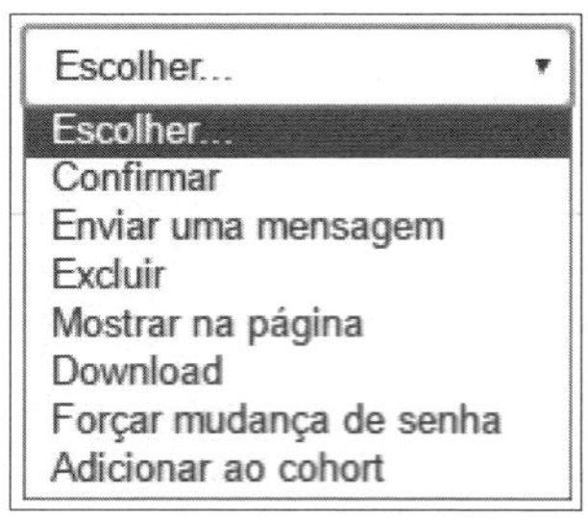

Figura 1.13 – Ação em lote.

Cadastrar pessoas no Moodle é uma atividade que pode demandar muito tempo caso o processo tenha de ser repetido para cada participante. Sendo assim, o modo mais eficaz de realizá-lo é por meio de um banco de dados bastante simples que pode ser criado no Excel e salvo no formato *csv*. O importante é que o formulário contenha os campos obrigatórios, que incluem *username, password, firstname, lastname, city, email* e *country*. Caso seja necessário, neste mesmo formulário é possível inserir os participantes diretamente nos cursos por meio do nome breve dos cursos inseridos em novas colunas do tipo course1, course2, e assim sucessivamente.

Outro fator importante são as configurações para que se possa fazer o upload da lista. As opções descritas na Figura 1.14 são as que melhor se adaptam ao processo.

Figura 1.14 – Carregar lista de usuários.

Permissões

Todos os usuários cadastrados no Moodle só podem executar ações previamente autorizadas para os seus respectivos perfis. Por exemplo, enquanto o papel do administrador tem poderes plenos no AVA, autores só podem atuar para criar cursos e professores/tutores para criar e apoiar os alunos em suas respectivas salas. É importante observar que o Moodle é um software cuja essência repousa na usabilidade. Por isso, os pacotes de instalação já vêm com essas permissões previamente configuradas, o que não impede que mudanças possam ser feitas, incluindo-se o estabelecimento de regras básicas para os participantes por meio de políticas para usuários, designação de administradores do site, definição e atribuição de papéis e emissão de relatórios de permissões.

Dentre as ferramentas que podem ser acessadas, merece destaque a opção `<definir papéis>`, pois esta permite que as funções previamente designadas possam ser alteradas, novos papéis criados e que o sistema permitam que outras pessoas, além do administrador, possam também ser atribuidoras de papéis, conforme mostra a Figura 1.15.

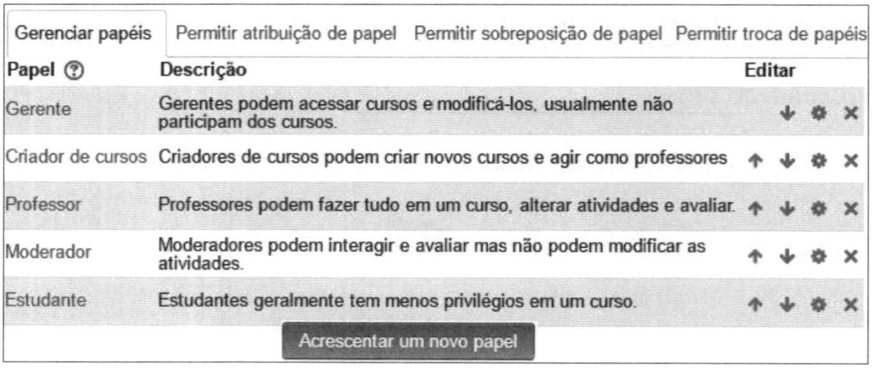

Figura 1.15 – Permissões.

1.2.2.4 Cursos

O menu **cursos** concentra links relacionados aos aspectos administrativos para a exclusão, a criação e a categorização de cursos (Figura 1.16).

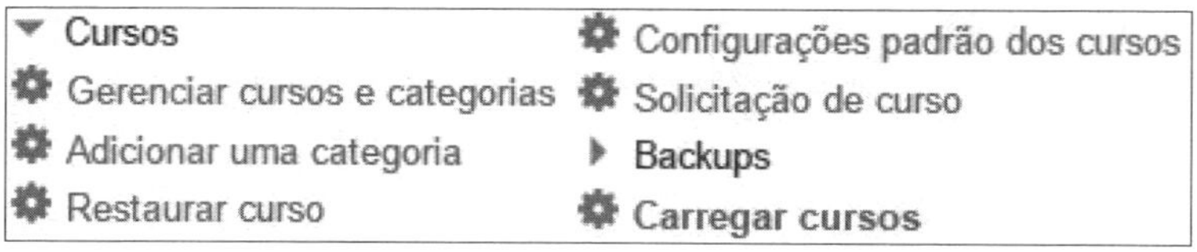

Figura 1.16 – Cursos.

Configuração-Padrão dos cursos

Mais adiante, neste livro, abordaremos as opções para que os cursos sejam criados no Moodle. Neste momento, cabe ressaltar que é a partir deste link que são estabelecidos os padrões com que o software trabalhará quando um novo curso for criado, ou seja, ao escolher a opção `<criar curso>`, caso nada seja alterado, as configurações estabelecidas por meio deste link serão mantidas.

Gerenciar cursos e categorias

Depois de estabelecida a configuração-padrão dos cursos, o próximo passo é organizar o AVA para que os cursos possam ser criados de forma estruturada. Para isso, o Moodle se vale da classificação em categorias e subcategorias. Pode-se assim dividir os cursos por áreas distintas, viabilizando qualquer organização que se queira. No exemplo da Figura 1.17, tem-se duas categorias e um curso.

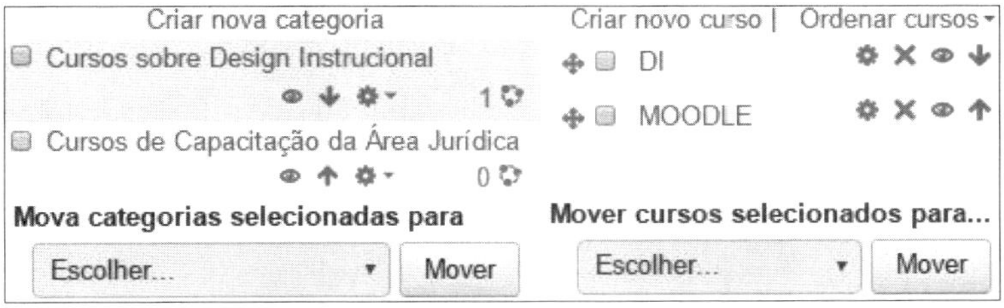

Figura 1.17 – Gerenciamento de cursos e categorias.

Restaurar, carregar e backup

Os links `<Restaurar cursos>` e `<Carregar cursos>` têm as mesmas características do existente no link `<Restaurar>` do menu de **configuração da página inicial**. Por sua vez, o `<backup>` é mais amplo, pois, a partir dele, as configurações prévias dos backups dos cursos podem ser estabelecidas, incluindo-se a possibilidade de que sejam realizadas automaticamente pelo Moodle e a inserção de usuários, filtros, recursos, blocos e tudo mais que deles façam parte.

Solicitação de curso

Ao habilitar a solicitação de curso, o administrador permite que todas as pessoas cadastradas no AVA possam solicitar que novos cursos sejam abertos. É uma ferramenta interessante, bastante útil quando o objetivo é identificar novas demandas e necessidades.

1.2.2.5 Notas

Para facilitar o trabalho de gestores e professores, o pacote de instalação do Moodle vem com uma configuração inicial bastante completa em relação à forma como os resultados de atividades serão apresentados aos participantes. No entanto, dependendo do tipo de instituição, de seus objetivos e dos critérios de avaliação adotados, esses parâmetros poderão ser alterados.

No link `<Configurações gerais>`, a troca do padrão (2) dois pela opção (1) uma casa decimal, apresentada no item *Casas decimais das notas exportadas*, viabiliza a emissão de relatórios mais inteligíveis. Além disso, também é possível estabelecer a nota máxima que as avaliações poderão receber.

Neste caso, observa-se que, por padrão, o Moodle adota números que variam de (0) zero a (100) cem. No entanto, como a maioria das instituições trabalha com notas que oscilam de (0) zero a (10) dez, este é o link certo para que esta mudança seja efetivada se for necessário.

Outro aspecto que merece consideração especial é o link `<Escalas>`. Isso se deve ao fato de que, no Moodle, há duas formas de avaliar uma atividade: por pontos ou por escala (Figura 1.18).

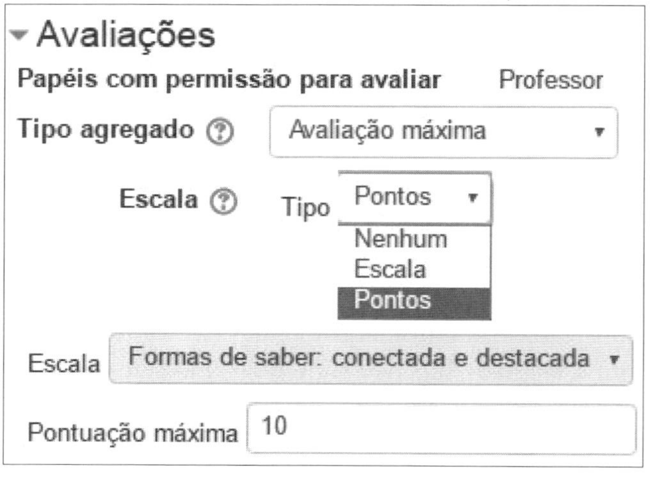

Figura 1.18 – Critérios de avaliação.

A atribuição de pontos se destaca como a forma mais comum, podendo a mensuração ser feita pela contagem do número de participações, pela nota mais alta ou mais baixa, ou pela média das notas obtidas. Por sua vez, o uso de escalas se apresenta como um critério mais interessante, principalmente nas situações em que os participantes devam citar o referencial teórico que embasa seus posicionamentos críticos e em atividades interativas como, por exemplo, os fóruns. O Moodle fornece um critério chamado *Formas de saber: conectada e destacada*. No entanto é possível que tanto o gestor quanto os autores e professores criem outros critérios por meio de um processo simples. Deve-se clicar, sucessivamente, em `<Escala>`, `<Adicionar nova escala>` e proceder ao preenchimento dos campos conforme se vê na Figura 1.19.

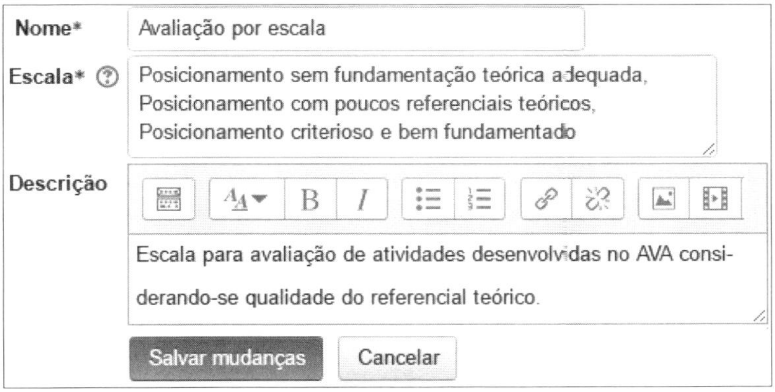

Figura 1.19 – Escala.

É importante que, na caixa Escala, os critérios sejam inseridos em ordem qualitativa crescente e separados por vírgulas.

1.2.2.6 Emblemas

Os emblemas são acessórios opcionais (Figura 1.20) que podem ser utilizados para premiar os participantes em dois níveis distintos. A partir do menu **Administração do site**, é possível criar emblemas para três situações: premiação manual de gestores e professores, conclusão de um conjunto de cursos e preenchimento de perfil. Nos cursos, a partir do menu **Administração do curso**, professores/tutores podem criar emblemas para premiar pela conclusão de atividades ou do curso como um todo.

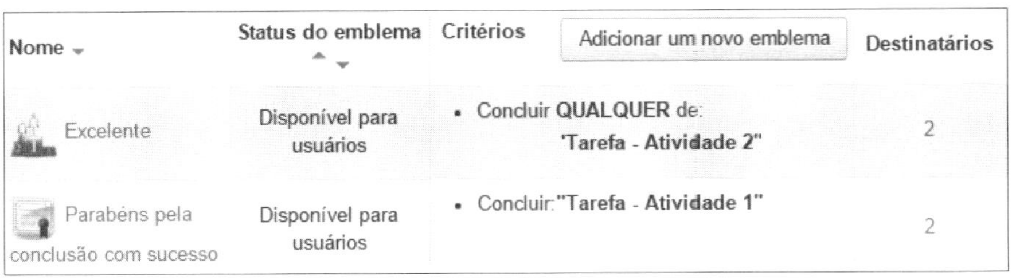

Figura 1.20 – Emblemas.

O processo para criação de emblemas é simples. No entanto, para que funcione corretamente, é importante que algumas condições prévias sejam configuradas, o que inclui: *ativar o acompanhamento de atividades* no link

<Opções avançadas>, *ativar o acompanhamento de conclusão* na configuração individual de cada curso e, no caso das atividades dos cursos, *habilitar a conclusão de atividades no curso*, seja pela *indicação os alunos podem marcar manualmente as atividades como concluídas* ou *mostrar a atividade como concluída quando as condições forem satisfeitas*. Para verificar os emblemas conquistados (Figura 1.21), os usuários deverão acessar seu perfil ou painel pessoal.

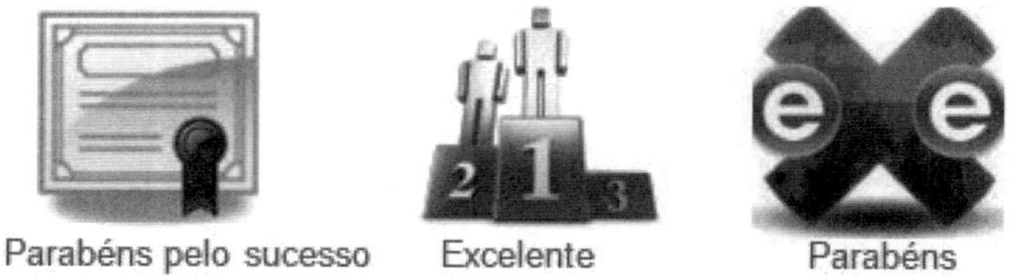

Figura 1.21 – Emblemas conquistados.

1.2.2.7 Local

O menu **Local** oferece a opção para configurar serviços de geolocalização por meio do endereço de IP do usuário. Assim, quando um participante acessa o AVA, é possível determinar a posição exata da pessoa em qualquer parte do mundo, como se vê na Figura 1.22. Além dos serviços indicados pelo próprio Moodle, é possível também fazer a customização utilizando o Google Maps.

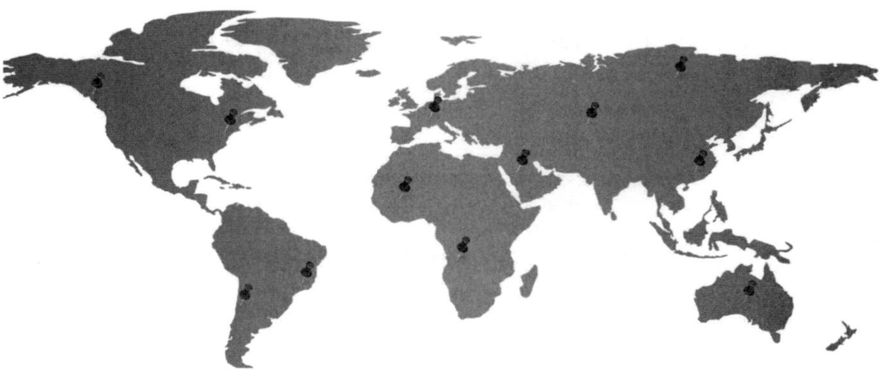

Figura 1.22 – Local.

1.2.2.8 Idioma

O pacote-padrão de instalação do Moodle é composto de diferentes opções para escolha e configuração de idiomas (Figura 1.23).

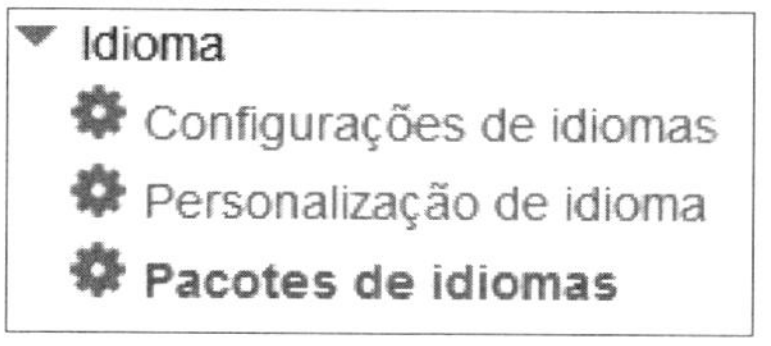

Figura 1.23 – Idioma.

Pacotes de idiomas

A versão original do Moodle está em inglês. Assim, caso os usuários do AVA usem outro idioma, é necessário que esta configuração seja feita manualmente, o que pode ocorrer em duas oportunidades: durante o processo de instalação do Moodle ou posteriormente, a partir do link <Pacotes de idiomas>. É uma operação simples na qual o idioma desejado é selecionado na caixa de opções disponíveis e enviado à coluna da esquerda, conforme se observa na Figura 1.24.

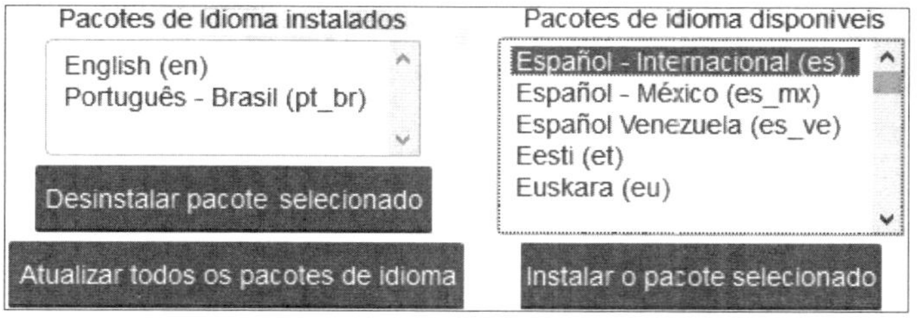

Figura 1.24 – Pacotes de idiomas.

Configuração e personalização de idiomas

A tradução do Moodle para os diferentes idiomas só é possível graças ao excepcional trabalho voluntário de pessoas da Comunidade Moodle espalhadas por vários países. Isso faz com que, conforme o país, algumas palavras ou expressões apareçam grafadas de forma indevida. Assim, por meio do link <Personalização de idiomas>, é possível fazer a mudança de quaisquer termos que se queira. No exemplo da Figura 1.25, o pacote de idioma foi aberto para que a expressão-padrão *Esconder bloco* pudesse ser substituída por *Ocultar bloco*.

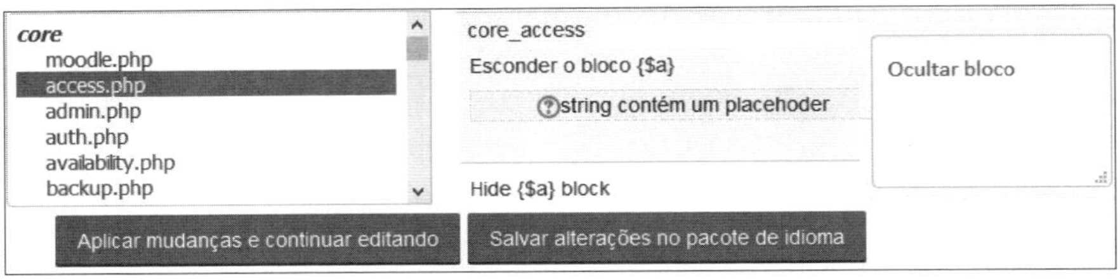

Figura 1.25 – Personalização de idiomas.

1.2.2.9 Plugins

Trata-se de uma importante funcionalidade no contexto do menu de **Administração do site**. Sua relevância se deve ao grande número de submenus e à interconexão que tem com outras funcionalidades do AVA. Como se observa na Figura 1.26, é fundamental que o gestor acesse cada elemento para conhecer melhor as configurações dos plugins. A seguir, serão identificados os principais elementos e suas configurações básicas.

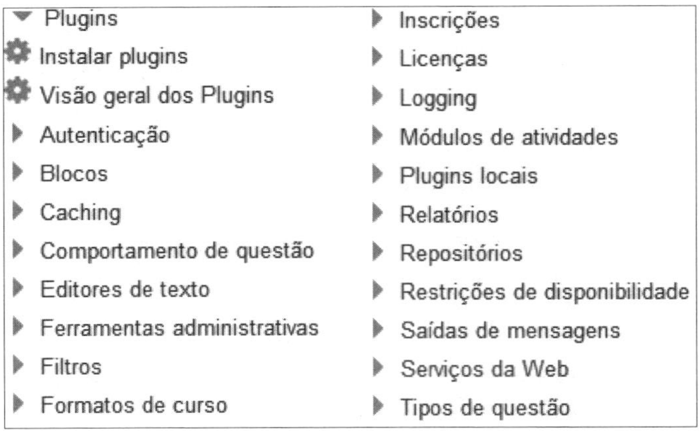

Figura 1.26 – Plugins.

Instalar plugins

Nas duas primeiras versões do software, a instalação de módulos e plugins era complexa e só podia ser efetivada com a ação direta do pessoal de tecnologia da informação. No Moodle 3, este processo foi bastante simplificado, conforme poderá ser observado no próximo capítulo.

Visão geral dos plugins

O link seria mais bem representado se fosse chamado <Visão geral dos módulos e plugins>, pois, na prática, permite a visualização e a configuração de ambos, como se vê no extrato representado pela Figura 1.27.

Conteúdo do pacote IMS	Habilitado	Configurações	Desinstalar
Rótulo	Habilitado	Configurações	Desinstalar
Lição	Habilitado	Configurações	Desinstalar
LTI	Habilitado	Configurações	Desinstalar
Página	Habilitado	Configurações	Desinstalar

Figura 1.27 – Visão geral dos plugins.

As possibilidades de customização variam de acordo com a ferramenta, mas, normalmente, estes ajustes não são necessários. Assim, caso as modificações não sejam imprescindíveis, é melhor manter as configurações originais.

Os módulos são as ferramentas que ficam disponibilizadas a partir do link <adicionar uma atividade ou recurso>; e plugins são aqueles que fomentam atividades de cunho administrativo ou didático, seja de forma conjunta com funcionalidades-padrão ou disponibilizados em blocos laterais na página inicial ou dentro dos cursos.

Atividades

O submenu **atividades** funciona da mesma forma que o link <Visao geral dos plugins>. A diferença está no fato de apresentar apenas funcionalidades relativas a atividades como fóruns, tarefas, questionários, entre outras.

Autenticação

É uma funcionalidade relevante para a administração do Moodle, pois, a partir dela, é possível decidir de que forma um usuário poderá ser inserido no ambiente virtual de aprendizagem. O pacote de instalação do Moodle traz a inscrição manual, seja por digitação em formulário ou por upload de lista simples em formato *.csv*, como a opção-padrão, mas isso pode ser alterado. Neste contexto, destacam-se as possibilidades do uso de diferentes bancos de dados e servidores, incluindo-se Firstclass, LDAP, MNet, entre outros.

Além destas possibilidades, há outra configuração que merece a atenção do gestor: o autorregistro (Figura 1.28).

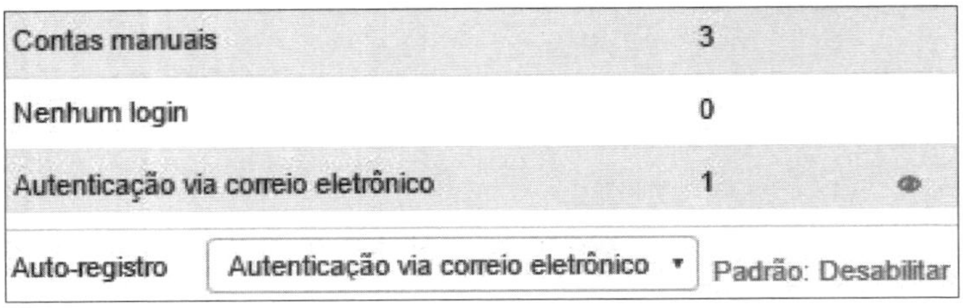

Figura 1.28 – Autorregistro.

A partir de `<Gerenciar autenticação>`, é possível configurar o sistema para que uma pessoa possa, por conta própria, preencher um formulário de registro que é disponibilizado na página de login. Dessa forma, se for corretamente configurado o sistema de email, a pessoa receberá uma mensagem de confirmação, garantindo assim o acesso automático ao Moodle.

Blocos

Trata-se de uma ampliação das possibilidades apresentadas no link `<Visao geral dos plugins>` acrescida de duas importantes funcionalidades. A primeira é o `<gerenciar blocos>`, que identifica os cursos em que determinado bloco está sendo utilizado. Por sua vez, em `<usuários online>`, é possível determinar o tempo que o sistema irá considerar para computar o usuário como online no Moodle.

Caching e ferramentas administrativas

A configuração de memória cache deve ser feita pelo setor de tecnologia da informação, que estimará a quantidade de dados processados que deverá ser mantida, disponibilizada de forma otimizada e prontamente reutilizada se necessário. Por sua vez, as ferramentas administrativas identificam funcionalidades que, embora façam parte do pacote-padrão de instalação do software, podem ser desinstaladas.

Comportamento e tipos de questão

Ambos os links referem-se à habilitação de questões e respectivos feedbacks para uso em atividades do tipo questionário.

Editores de texto

Assim como outras ferramentas, os editores de texto já vêm com suas excelentes configurações e um ótimo nível de usabilidade. Neste caso, a observação se refere a qual editor escolher prioritariamente. A opção mais completa é o *Editor HTML TinyMCE*, uma vez que a única vantagem do *Editor de HTML Atto* é uma melhor otimização para o trabalho com tabelas. Por isso, sempre que possível, o *TinyMCE* deve ser prioritário, conforme se vê na Figura 1.29.

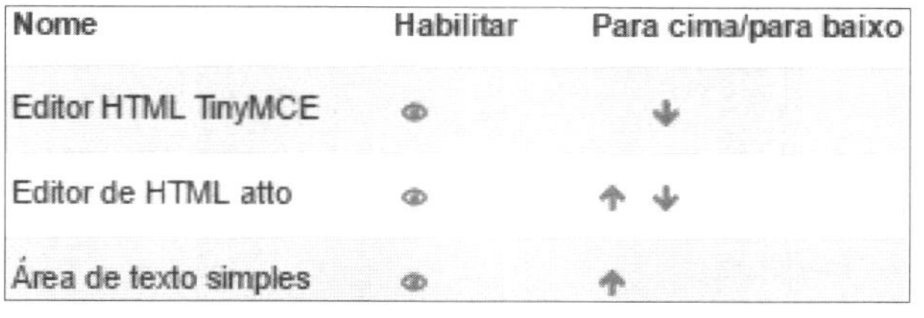

Nome	Habilitar	Para cima/para baixo
Editor HTML TinyMCE	(olho)	↓
Editor de HTML atto	(olho)	↑ ↓
Área de texto simples	(olho)	↑

Figura 1.29 – Editores de texto.

Filtros

Um correto gerenciamento dos filtros (Figura 1.30) pode resultar em excelente usabilidade. Evidentemente, identificar aqueles que serão habilitados irá depender de cada instituição e dos tipos de cursos que são oferecidos. No entanto há alguns que dificilmente não serão acionados, como, por exemplo, o *Plugins multimidia*, que permite que filmes, sons e imagens possam ser inseridos e visualizados no Moodle.

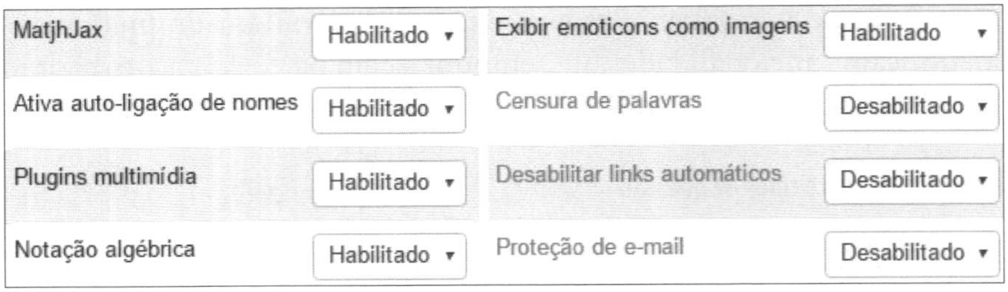

Figura 1.30 – Filtros.

Formatos dos cursos

Por padrão, o Moodle disponibiliza quatro formatos diferentes para cursos que podem ser mantidos ou desabilitados. A partir deste link, pode-se acessar ainda as `<Configurações-padrão dos cursos>`, que permitem indicar com qual formato um curso será criado caso não haja mudanças.

Inscrições

Além da inscrição manual, há várias opções (Figura 1.31) para a inserção de usuários no Moodle, incluindo-se a opção com pagamento via PayPal.

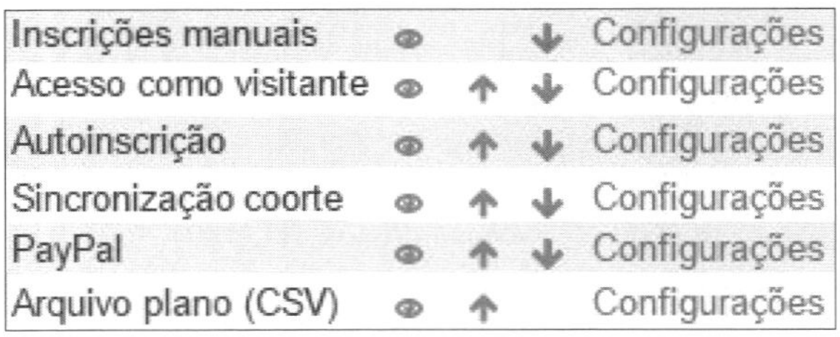

Figura 1.31 – Inscrições.

O acesso a cada uma das opções viabiliza configurações adequadas a cada necessidade, incluindo-se o uso de senhas, acesso de visitantes e a ativação automática de matrículas.

Licenças

Viabiliza a configuração de licenças para os recursos e as atividades produzidas, incluindo-se direitos reservados e as opções *Creative Commons*.

Para saber mais sobre licenças, acesse *www.creativecommons.org*.

Logging, plugins locais e relatórios

A configuração-padrão dessas ferramentas atende perfeitamente às necessidades existentes. As eventuais mudanças são necessárias apenas em situações bastante específicas.

Repositórios

Desde as versões 1.0, o banco de dados do Moodle viabiliza o upload e a organização de arquivos e recursos em pastas próprias. Entretanto, a partir do Moodle 2, esta capacidade se expandiu em virtude do uso de repositórios internos e externos (Figura 1.32). No caso dos primeiros, a utilização depende apenas da habilitação via menu, por sua vez, o uso de serviços externos, tais como Dropbox, Google Drive e YouTube, requer configurações especiais por meio de chaves de API cujas orientações para uso são disponibilizadas no endereço eletrônico de cada serviço.

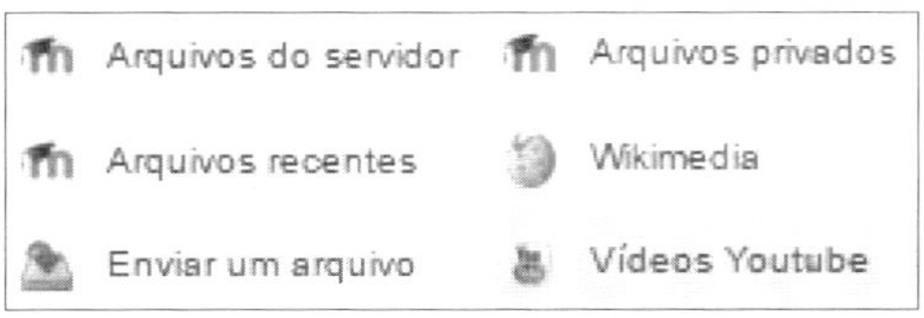

Figura 1.32 – Repositórios.

Saídas de mensagens

Há várias maneiras de o Moodle se comunicar automaticamente com os usuários. A mais importante é o email, que, para ser usado adequadamente, precisa ser configurado pelo pessoal de TI a partir de servidores SMTP.

Serviços da Web

Nesta opção, destaca-se o link `<Mobile>`, pois, ao assinalar *Habilitar web service para dispositivos móveis*, o Moodle ficará habilitado para ser acessado a partir de aplicativos para tablets e smartphones.

1.2.2.10 Segurança

Dentre os critérios de segurança, o link <Políticas do site> se destaca por contemplar a possibilidade de várias configurações, incluindo-se o tamanho máximo de um arquivo para upload, autorização para incorporar multimídias (EMBED), ser encontrado em buscas do Google e políticas de senhas.

1.2.2.11 Aparência

O menu **Aparência** contempla o submenu **Tema, destinado à** configuração da aparência geral do Moodle, e diversos links para áreas específicas (Figura 1.33).

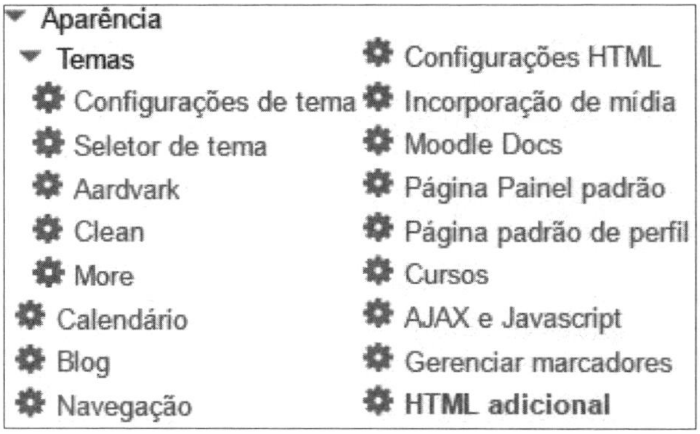

Figura 1.33 – Aparência.

Em **Tema**, dois links merecem destaque: <Configuração de tema> e <Seletor de tema>. No primeiro, são disponibilizadas, principalmente, opções para permitir que autores e professores/tutores possam escolher os temas de seus cursos e os alunos possam escolher seus próprios temas e ocultar blocos. A partir do link <Seletor de tema> é possível fazer a escolha da aparência geral do Moodle para diferentes dispositivos, incluindo-se computadores, tablets e smartphones.

Os demais links do menu Aparência já têm configurações que atendem com eficiência a diferentes instâncias de uso do Moodle. Cabem, no entanto, algumas observações interessantes para algumas dessas opções.

- **Blog** – É uma ferramenta pouco usada que dá margem para a ação de vândalos. Deixar todas as opções desabilitadas é o melhor a fazer.
- **Incorporação de mídia** – São inúmeras as mídias aceitas no Moodle. Manter todas as possibilidades habilitadas é preferível para facilitar a utilização de múltiplos recursos no AVA.
- **Página painel padrão e página padrão de perfil** – Ambos os links permitem a definição daquilo que será mostrado ao usuário quando este acessar seu painel e seu perfil, respectivamente.
- **Cursos** – A partir deste link é possível determinar a quantidade de cursos e a forma como estes cursos serão apresentados na página principal, incluindo-se nome dos professores, autores, monitores, entre outros itens, e o formato das figuras que poderão ser aceitas como arquivos de resumo do curso.
- **Ajax e JavaScript** – É também uma opção que deve, preferencialmente, estar com todas as opções habilitadas.

1.2.2.12 Página principal

Este menu só contém o link `<Configurações da página principal>` e tem as mesmas funcionalidades do link `<Editar configurações>` do menu **Página inicial**.

1.2.2.13 Servidor, relatórios e desenvolvimento

Estes submenus são bastante técnicos e são pouco usados pelos gestores. Por sua vez, essas funcionalidades devem ser bastante exploradas pelos integrantes dos setores de tecnologia da informação.

CAPÍTULO 2

Moodle 3

O Moodle tem sido constantemente atualizado desde o seu lançamento. Além de corrigir bugs, cada nova versão traz aprimoramentos na sua qualidade técnica. Nas versões do Moodle 2, ocorreram mudanças significativas na usabilidade, na navegação, na configuração didática e na incorporação de recursos da web 2.0. O Moodle 3, além de ampliar essas melhorias, incorporou outras inovações importantes que, a partir de agora, iremos identificar neste capítulo.

2.1 Menu perfil

A forma e a aparência do menu **perfil** variam de acordo com o tema escolhido. No entanto todos os temas passaram a ter em comum as mesmas funcionalidades, incluindo-se painel, perfil, notas, mensagens e preferências, conforme se vê na Figura 2.1.

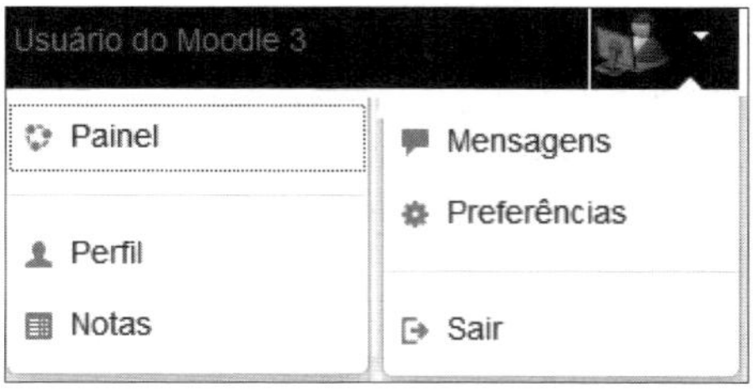

Figura 2.1 – Menu perfil.

2.2 Painel

O painel foi incorporado ao Moodle na versão 2.0, podendo ser acessado a partir do menu **perfil** ou do menu **navegação**. Trata-se de uma área particular em que os itens e blocos podem ser inseridos e organizados pelos próprios usuários, independentemente do papel no ambiente. A novidade para esta funcionalidade no Moodle 3 está no comando (Figura 2.2), que permite que o administrador redefina, para todos os usuários, o formato-padrão que esta página terá, o que não impede que, após esta ação, o usuário possa, novamente, alterá-la.

Figura 2.2 – Painel.

2.3 Preferências

O menu **Preferências** é uma importante inovação do Moodle. Seu acionamento viabiliza a configuração de importantes funcionalidades, incluindo-se modificação do perfil, senha, idioma, escolher editor e gerenciar emblemas, conforme se vê na Figura 2.3.

Figura 2.3 – Preferências.

2.4 Tags

Tags ou marcadores são indicadores que, no formato de etiquetas ou palavras-chave, são associados a cursos, páginas wiki, blogs e bancos de questões no momento em que estão sendo configurados. O objetivo desta funcionalidade é permitir que um usuário possa encontrar no AVA ou nos cursos quaisquer itens que sejam associados a esses marcadores. O Moodle 3 otimizou o uso das tags pelos administradores, que, ao clicar em <Gerenciar marcadores> no menu **Aparência** (Figura 2.4), terão acesso a um painel onde poderão contabilizar, alterar, incluir, excluir, sinalizar como inapropriada ou torná-las marcadores oficiais do site como um todo.

Marcador	Nome	Contar	Sinalizar	Modificada	Oficial
AVA	Administrador	1		50 segundos	
Curso	Administrador	1		11 minutos	
Moodle	Administrador	1		36 segundos	

Figura 2.4 – Tags.

Para pesquisar marcadores do seu interesse, o usuário deverá acessar o menu "páginas do site" na caixa de navegação. Além disso, o bloco Tags deverá ser inserido no curso ou na página principal do AVA.

2.5 Editor HTML Atto

A partir de <preferências do editor>, autores e professores/tutores podem escolher o editor com o qual desejam trabalhar. Conforme visto anteriormente, o mais completo é o *Editor HTML TinyMCE*, por isso, normalmente é o primeiro na ordem de preferência. No Moodle 3, no entanto, o *Editor HTML Atto* passou por uma revisão interessante, fazendo com que a funcionalidade de inserção de tabela (Figura 2.5) ganhasse novas e variadas formas de customização de bordas, cores e largura das células.

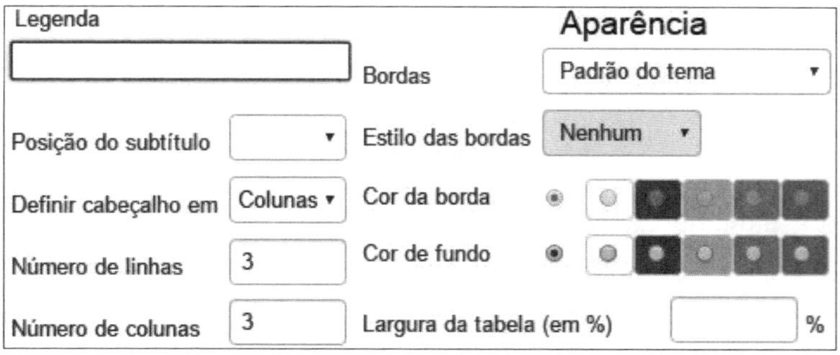

Figura 2.5 – Inserção de tabelas.

2.6 Sistema de mensagens

O Moodle 3 aperfeiçoou a usabilidade do sistema de mensagens. Uma nova caixa de navegação (Figura 2.6) permite o acesso às mensagens recebidas em todas as atividades e nos cursos dos quais a pessoa participe sem que haja necessidade de acessá-los efetivamente.

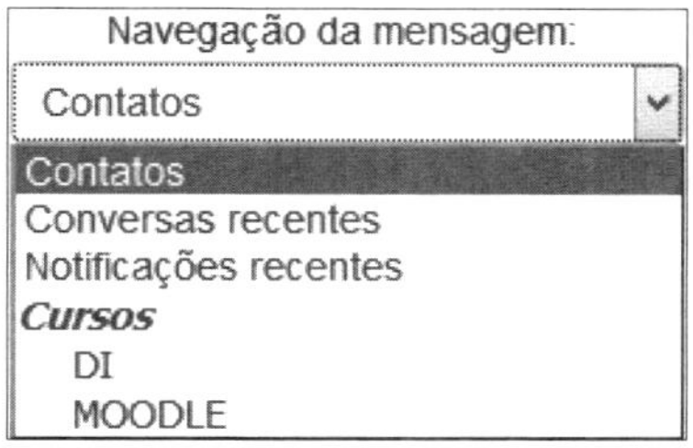

Figura 2.6 – Caixa de navegação.

Além do aperfeiçoamento na navegação, a possibilidade de acrescentar, bloquear usuários na lista de contatos e excluir mensagens (Figura 2.7) também foi facilitada.

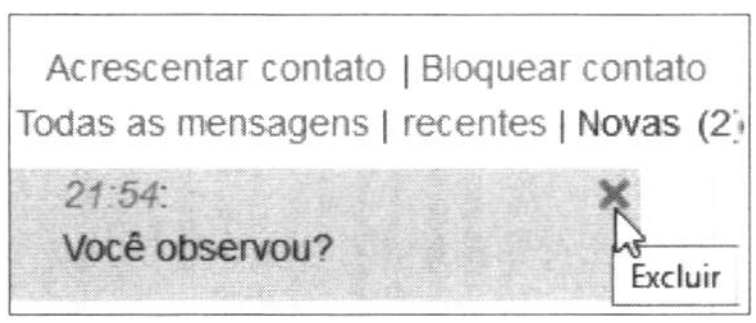

Figura 2.7 – Exclusão de mensagem.

Para os usuários com papel de gestão ou docência, as mensagens produzidas a partir do *bloco participantes* ganharam um editor completo (Figura 2.8), possibilitando assim que, além de textos, possam ser enviados quaisquer tipos de arquivo, incluindo-se figuras, fotos e vídeos.

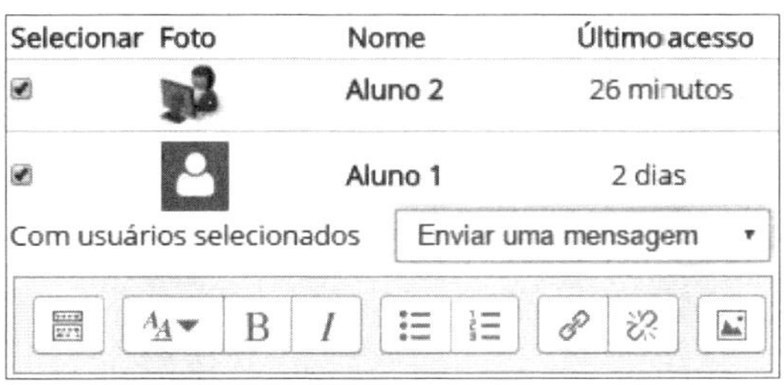

Figura 2.8 – Editor.

2.7 Moodle Mobile

Atualmente, os temas disponíveis para Moodle já são responsivos, permitindo assim que o acesso seja realizado sem perda de qualidade a partir de diferentes dispositivos. Esta evolução também se faz presente no aplicativo oficial *Moodle Mobile* (Figura 2.9) para tablets e smartphones. Após fazer o login, o usuário pode acessar blocos, recursos e participar de quaisquer tipos de atividades, incluindo-se chats e questionários.

Figura 2.9 – Moodle Mobile.

2.8 Instalação de plugins

Conforme visto no tópico 1.2.2.9, a instalação de plugins no Moodle tornou-se uma tarefa extremamente simples, que pode ser realizada por qualquer pessoa com senha de administrador. O processo consiste em fazer o download da funcionalidade, acionar o link `<Instalar plugins>` no menu **Plugins**, em **Administração do site** (Figura 2.10), fazer o upload do arquivo em formato .zip, que contém o plugin, e seguir as instruções que serão apresentadas.

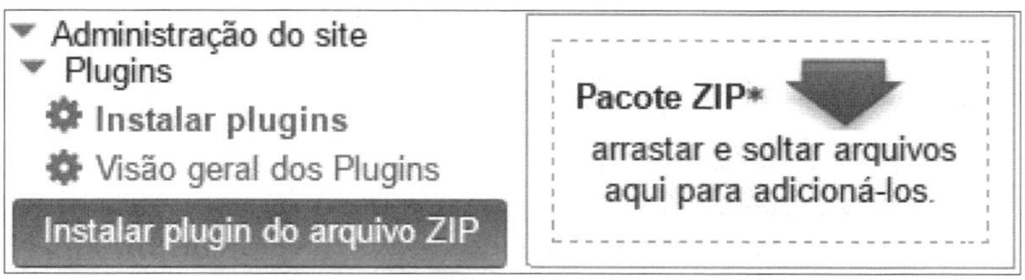

Figura 2.10 – Instalação de plugins.

O último passo consiste na atualização do banco de dados do Moodle a partir do botão de ação disponibilizado na página final da instalação.

2.9 Autoria e tutoria

Os autores e tutores ganharam novas ferramentas para a produção de cursos e acompanhamento dos alunos.

2.9.1 Painel para a gestão dos tópicos e das semanas

Foi disponibilizado um novo menu (Figura 2.11) que permite, conforme o formato escolhido, editar, realçar, esconder e excluir por completo tópicos ou semanas de um curso ou uma atividade.

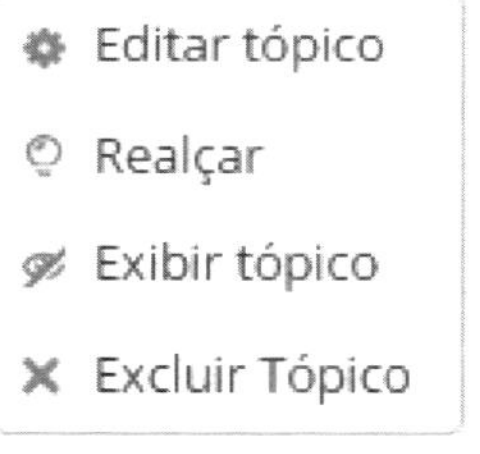

Figura 2.11 – Menu de tópicos e semanas.

2.9.2 Visualização de participantes

A visualização dos participantes de um curso pode ser feita a partir do *bloco participantes* ou do submenu **usuários** em administração do curso. Essa funcionalidade foi incrementada com uma nova forma de pesquisa que agora considera, além de todos os inscritos, a filtragem por grupos (Figura 2.12).

Nome / email	Último acesso	Papéis	Grupos	Métodos de inscrição
cigrobson@yahoo.com	5 dias	Estudante	Grupo 1	Inscrições manuais de sábado, 23 Abr 12:18
almoodle3@hotmail.com	1 dia	Estudante	Grupo 2	Inscrições manuais de segunda, 28 Mar 23:48

Figura 2.12 – Visualização geral e por grupos.

2.9.3 Atividades e arquivos datados

Todos os arquivos e todas as ações dos usuários, quaisquer que sejam seus papéis no ambiente virtual, passaram a ser datados (Figura 2.13), permitindo assim que se saiba com precisão as atividades desenvolvidas pelos participantes, incluindo-se aqueles com funções de natureza docente.

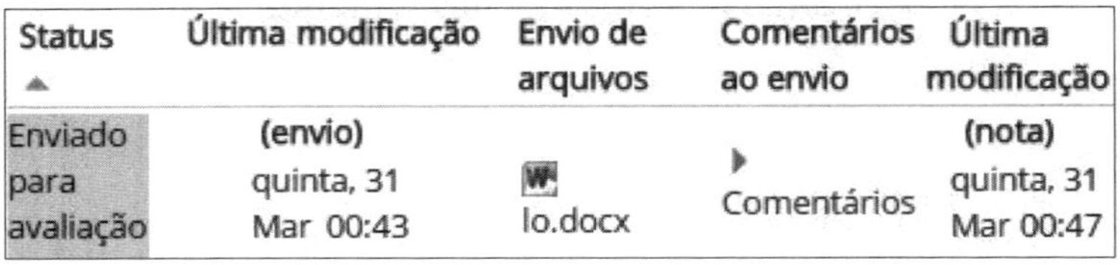

Status	Última modificação	Envio de arquivos	Comentários ao envio	Última modificação
Enviado para avaliação	(envio) quinta, 31 Mar 00:43	lo.docx	Comentários	(nota) quinta, 31 Mar 00:47

Figura 2.13 – *Ações e arquivos datados.*

2.9.4 Novos tipos de questão

Quatro novos tipos de questão (Figura 2.14) foram disponibilizados para ser inseridos em atividades do tipo questionário: escolha de palavras ou expressões; arrastar e soltar textos; arrastar e soltar imagens; e uso de marcadores.

Figura 2.14 – Novos tipos de questão.

2.9.5 Melhoria da atividade workshop

O workshop (Figura 2.15), também chamado de Laboratório de Avaliação, foi aperfeiçoado e permite melhor acompanhamento dos participantes.

Figura 2.15 – Workshop.

2.9.6 Conclusão de curso

O menu de **Administração do curso** recebeu um novo link: `<Conclusão de curso>`. Ao acionar este link, é possível configurar-se inúmeras opções (Figura 2.16) para que, de forma manual ou automática, tanto alunos quanto professores possam assinalar um curso como concluído. Esta é uma inovação importante com impactos diretos sobre a automatização de processos e a geração de relatórios.

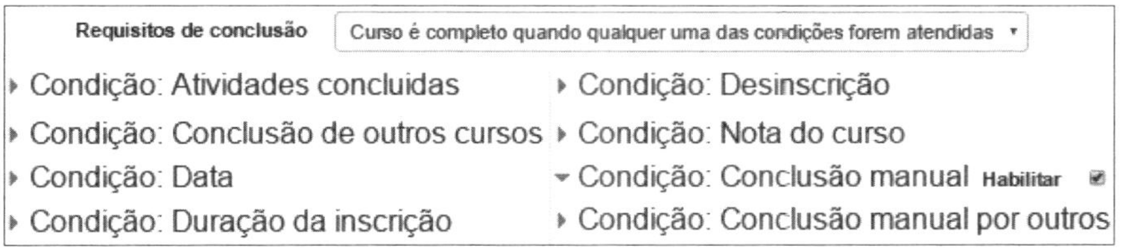

Figura 2.16 – Conclusão de curso.

2.10 Melhoria da usabilidade

O Moodle 3 herdou e aperfeiçoou importantes funcionalidades da versão 2, principalmente pela melhoria da usabilidade, consolidação do uso de recursos da web 2.0, e pelo uso de uma interface mais intuitiva.

2.10.1 Comunidades hub

As comunidades hub (Figura 2.17) permitem que instituições e usuários possam compartilhar cursos, seja na forma de inscrição para a realização direta ou via download de conteúdos. Além de poder criar seus próprios centros comunitários, todos os integrantes podem disponibilizar, oferecer e compartilhar suas criações em outros centros. Inseridas por meio de um bloco, têm interface intuitiva, de fácil utilização. A novidade é o aumento significativo dos participantes da comunidade Moodle, ampliando assim as possibilidades de compartilhamentos.

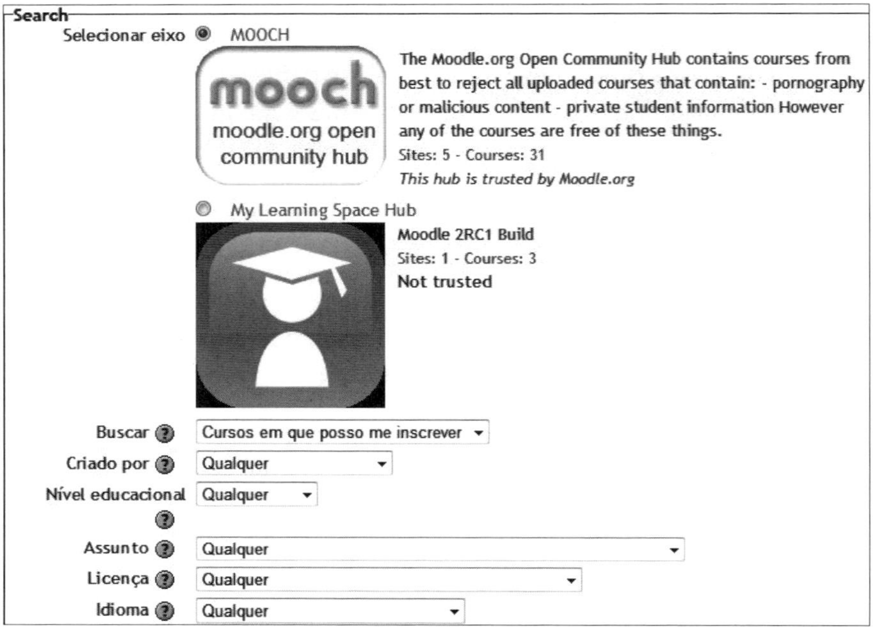

Figura 2.17 – Comunidades hub.

2.10.2 Portfólios e repositórios externos

Na versão 2, os conteúdos disponibilizados em um curso ganharam mais sustentabilidade a partir da integração do Moodle com outros serviços (Figura 2.18), possibilitando a importação e a exportação de conteúdos, fóruns e listas para alguns dos serviços mais interessantes da Internet, com destaque para o YouTube, Flickr, OneDrive, Google Drive, Dropbox e Merlot. Na versão 3, o uso desses recursos na condição de plugins especiais se consolidou, tendo em vista as possibilidades advindas do HTML5.

Figura 2.18 – Portfólios e repositórios.

2.10.3 Cursos completos e atividades condicionadas

Com esta ferramenta, professores/tutores e alunos podem ter controle dos processos de ensino e de aprendizagem. Ao aluno é oferecido um sistema de caixas laterais que permite assinalar as atividades já concluídas (Figura 2.19). Por sua vez, conforme será visto posteriormente, autores e tutores podem configurar as atividades a partir de condicionantes de progressão e pré-requisitos de acesso às novas solicitações.

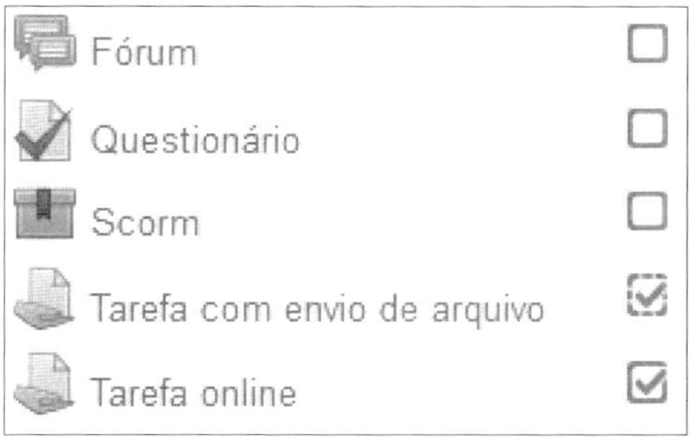

Figura 2.19 – Controles e condicionantes.

CAPÍTULO 3
Configuração de cursos no Moodle

O Moodle é um software fácil de usar. Sua concepção leva em consideração a possibilidade de que as pessoas possam utilizá-lo mesmo sem conhecimentos de programação ou de web design. No entanto configurar cursos no ambiente requer planejamento adequado e cuidados especiais em relação à estruturação hipertextual e ao design educacional. Por isso, neste capítulo, exploraremos os mecanismos de funcionamento do Moodle para a configuração de cursos com base na perspectiva do acesso ao Moodle como autor de curso.

3.1 Planejamento das ações

Para planejar e estruturar uma atividade ou um curso no Moodle, o autor deve considerar todas as especificidades relacionadas aos documentos e às orientações didático-metodológicas da instituição da qual faz parte ou da qual tenha feito a contratação, visando à produção ou organização de determinado conteúdo. Nesse contexto, merecem destaque a política institucional para o uso das mídias e tecnologias, o projeto pedagógico do curso e o plano que estrutura a disciplina ou o conteúdo solicitado.

3.2 Design instrucional de cursos no Moodle

Depois de observados os documentos que fundamentam o conhecimento a ser produzido, o autor de um curso que será hospedado e tutoriado por intermédio do Moodle deverá levar em consideração o design instrucional de sua produção. Isso significa que o autor deve estar atento às características peculiares de aprendizagem que definem os cursos a distância e, particularmente, o e-learning. Conforme Filatro (2004), o desenho instrucional ou, ainda, o design instrucional simboliza a ação sistemática que envolve o planejamento, o desenvolvimento e a utilização de peculiaridades didáticas que facilitem a aprendizagem.

Apesar de a nomenclatura *design instrucional* ser a mais usada, observa-se que essa designação pode induzir o leitor a acreditar que essa forma de planejar atividades educacionais a distância esteja baseada em princípios tradicionais ou em teorias comportamentais. Assim, muitas pessoas preferem usar a expressão *design educacional*. No entanto essa aparente discordância é, na realidade, um problema semântico, uma vez que esse termo vem da língua inglesa e seu uso em expressão original não traduz seu real significado.

Na prática, a expressão *design instrucional* traduz a preocupação como uma relação muito maior do que um simples sistema de entrega de materiais didáticos produzidos, ou seja, trata-se de uma nova perspectiva em que a multiplicidade presente na amplitude da gestão de processos é o ponto de partida. Reforçando esse ponto de vista, a Commonwealth of Learning (2003) considera que as ações em design devem se pautar em: adequado estabelecimento de metas e objetivos de programas, projetos e cursos; contextualização e interdisciplinaridade com uso de construções hipertextuais e utilização agradável; interatividade e, particularmente, interação, permitindo avaliações e comentários direcionados ao estudante sobre seu progresso, a possibilidade de desenvolvimento da pesquisa, o pensamento crítico e o uso da empatia, permitindo que a construção leve em consideração a realidade e as necessidades dos alunos, que são consideradas fundamentais.

Ao mesmo tempo, a Commonwealth identifica que o design instrucional é resultado direto de diferentes teorias educacionais. Do comportamentalismo, por exemplo, destaca que são aproveitados, além das ideias básicas de se aprender fazendo, os seguintes princípios: uso das taxonomias e dos objetivos, fornecimento de condições de aprendizagem, foco nos resultados, decomposição das tarefas com possibilidade de pequenos e sucessivos sucessos, fornecimento de feedback e elaboração de diagnósticos. Pela perspectiva do cognitivismo, observa-se que o processamento da informação está relacionado à motivação e aos movimentos cíclicos de constante construção e reconstrução do pensamento.

Para Filatro (2004), o design instrucional é constituído por etapas interdependentes: análise, design/desenvolvimento, implementação e avaliação. A divisão, na prática, traduz o objetivo de permitir que os cursos sejam construídos considerando-se o adequado conhecimento do público-alvo, objetivos de aprendizagem eficazes, mídias e tecnologias apropriadas, segmentação e sequenciamento corretos, interatividade, motivação, feedback, possibilidade de transferência dos conhecimentos e reconhecimento da necessidade de avaliação permanente.

Apesar de o design instrucional se constituir por uma ferramenta poderosa, o avanço dos recursos da web 2.0 traz à luz das discussões sua validade. Segundo Mattar (2010), a estruturação excessiva impede a criatividade, e isso faz com que o uso dessa forma didática deva sempre ser revisto e questionado. Entretanto, seja qual for a linha adotada, é fundamental que as pessoas responsáveis pela estruturação do conhecimento planejem adequadamente suas ações.

3.3 Autoria de cursos: trabalho em equipe

As novas tecnologias digitais potencializaram duas formas de trabalhar: individual e em equipe. A produção de cursos com uso do Moodle é compatível com ambas as possibilidades. No entanto, caso a produção seja feita por uma única pessoa, esta deverá estar atenta às atribuições de cada integrante quando uma equipe for acionada, pois os processos inerentes às funções previstas existirão de qualquer forma.

Em condições ideais, uma equipe para produção de cursos é composta de coordenador de projetos, autor, designer instrucional, ilustrador, web designer, revisor de texto e revisor de qualidade. Ao coordenador de projetos cabe manter o foco do curso em seus objetivos gerais e específicos, assegurando sua coerência em relação às condições e diretrizes da política institucional. O designer instrucional é o guardião das diretrizes didáticas do curso, sendo assim o grande responsável por criar e manter as condições adequadas de construção desse curso. Ao ilustrador cabe a criação de personagens, cenários e situações gráficas aos quais, posteriormente, o web designer dará vida por meio de programas adequados ao uso na internet ou mesmo por intermédio de outras tecnologias. Aos revisores cabe a manutenção da qualidade final dos cursos, seja em relação ao uso correto da língua, seja verificando se todos os elementos gráficos, os textos e as mídias estão funcionando de forma adequada e correta.

Lembre-se: a criação de cursos no AVA requer planejamento e acompanhamento contínuo. A improvisação conduz ao retrabalho e traz prejuízos à qualidade, ao autor e à instituição.

3.4 Criando um curso

O design geral da tela e os ícones para edição dos cursos variam conforme o tema escolhido. No entanto todos têm em comum os aspectos que aqui serão apresentados. Assim, a possibilidade de construção de um curso se inicia no momento em que o autor acessa o AVA (Figura 3.1) com seu login (nome de usuário) e sua senha.

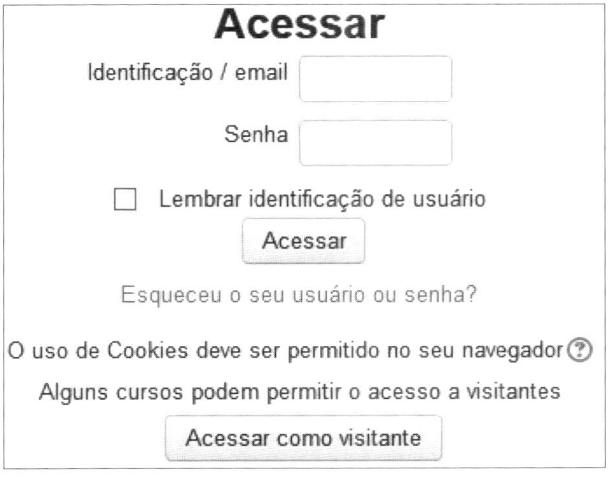

Figura 3.1 – Acesso ao AVA.

Depois de realizar o acesso, o autor poderá iniciar a criação do curso clicando, a partir do menu de **Administração do site**, em **cursos**, `<Gerenciar cursos e categorias>` e `<Criar novo curso>`, fazendo, dessa forma, que o Moodle abra o formulário de dados para configuração do curso, conforme se observa na Figura 3.2.

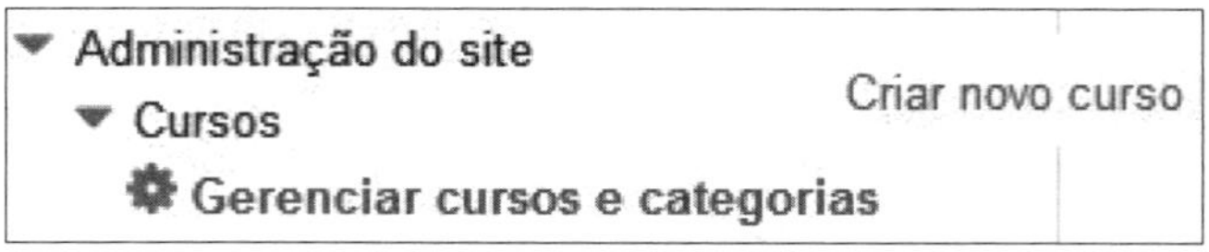

Figura 3.2 – Link para a criação do curso.

Caso já existam categorias previamente criadas, a tela se apresentará conforme mostra a Figura 3.3. Também neste caso deve-se clicar em **Criar um novo curso**.

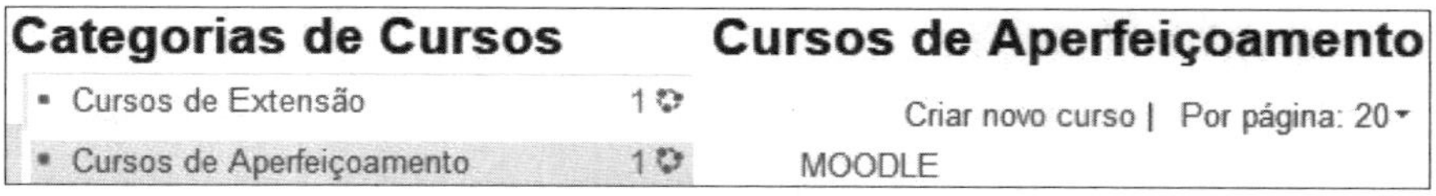

Figura 3.3 – Criar um novo curso.

A tela representada na Figura 3.4 é o ponto de partida para o início efetivo da construção do curso. Nela, os itens assinalados em vermelho com sinal de asterisco (*) são obrigatórios.

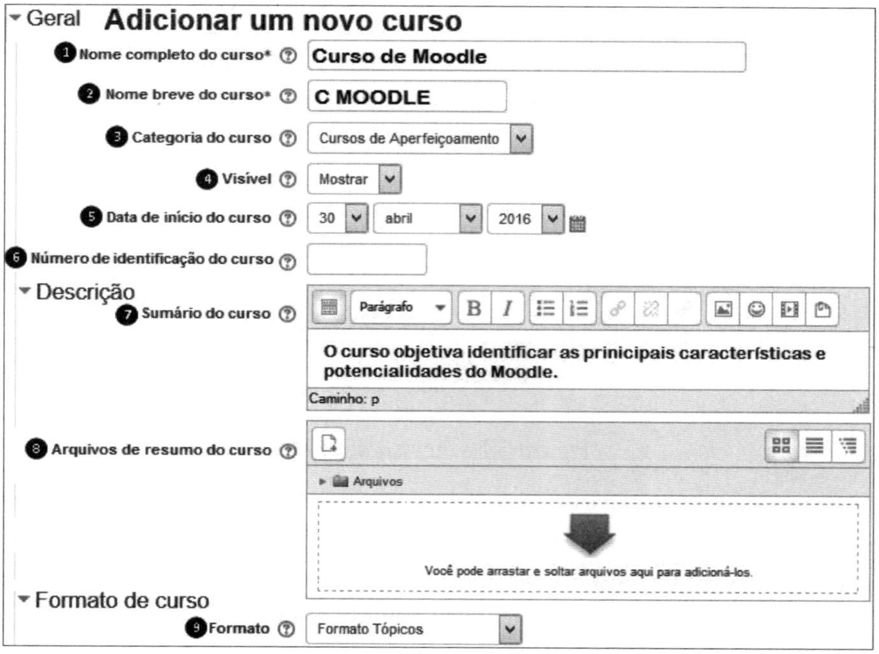

Figura 3.4 – Identificação do curso.

A configuração do curso requer algumas condições especiais. São estas:

❶ **Nome completo** – Deve-se especificar o nome completo do curso.

❷ **Nome breve** – Sigla ou código que identificará o curso na tela e na emissão de mensagens para os usuários. Trata-se de uma escolha de fundamental importância. Não há limite de caracteres, mas o nome deve ser curto e representar o curso da melhor forma possível.

❸ **Categoria** – Quando houver mais de uma categoria, deve-se escolher aquela na qual seu curso deverá ser inserido.

❹ **Visível** – Indica se o curso ficará visível ou oculto para os demais usuários do AVA.

❺ **Data de início do curso** – Informa a data estimada para início do curso.

❻ **Número ID do curso** – Destinado à comunicação com sistemas externos. É um código oficial a ser fornecido pela equipe gestora do AVA. Caso não haja código, o campo poderá permanecer sem preenchimento.

❼ **Sumário** – Há várias possibilidades para o preenchimento do sumário. Normalmente, o espaço se destina à inserção da ementa do curso.

❽ **Arquivos de resumo do curso** – A maior parte dos temas aceita ícones ou figuras que os representam. Neste link, é possível fazer o upload destas figuras representativas.

❾ **Formato** – No item geral, é necessário configurar o formato do curso (Figura 3.5).

Figura 3.5 – Tipos de formato.

O formato indica o modo como o conteúdo ficará organizado no AVA. Há muitas possibilidades que, por sua vez, dependerão das características do curso e das técnicas utilizadas para sua construção. Assim, os formatos de cursos podem ser divididos em dois grupos:

Os que não exigem softwares ou condições adicionais para ser produzidos.

- **Formato social** – Trata-se de um formato utilizado em situações específicas e focadas em um determinado assunto. O fórum articulado em sua página principal permite a participação dos integrantes por meio dessa ferramenta assíncrona de comunicação.
- **Formato de tópicos** – É o mais utilizado na estruturação de cursos, tendo em vista a possibilidade de agrupar os assuntos e conteúdos correlatos. Além disso, é usado para cursos em que hajam módulos ministrados em períodos de tempo diferentes da organização por semanas.
- **Formato semanal** – Quando utilizado, permite que o curso seja organizado em unidades correspondentes a semanas, com datas de início e fim bem definidas.

Os que exigem softwares ou condições adicionais para ser produzidos.

- **Formato SCORM** – Esse formato usa elementos em padrão SCORM.

Para saber mais sobre o padrão SCORM, visite *www.scorm.com*.

Depois de se definir o formato do curso, são solicitadas outras configurações, conforme mostra a Figura 3.6.

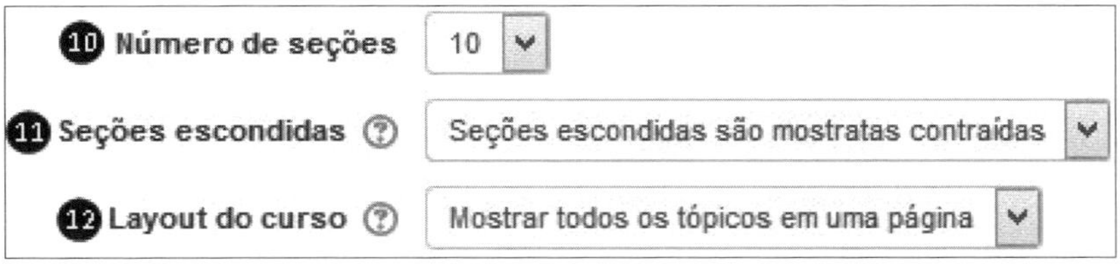

Figura 3.6 – Preenchimento das configurações do formato.

⑩ **Número de semanas ou tópicos** – O critério para a escolha do número se baseia na forma como o curso se desenvolverá. Por exemplo, um autor que deseje estruturar um curso em quatro bimestres, capítulos ou unidades provavelmente preencherá esse item com o número quatro. Um autor que proponha um curso com ações que devam se desenvolver com precisão temporal poderá escolher o formato semanal, permitindo que, a cada período, um conjunto de atividades previstas possa ocorrer. Seja qual for a opção, cabe lembrar que o AVA sempre abrirá um tópico a mais, sem numeração ou indicação de datas. O objetivo é disponibilizar um espaço para que o tutor possa se apresentar, criar pastas de documentos para downloads ou explicar como o curso será ministrado. O autor deve observar ainda que essa estruturação modular ou temporal não impede que tópicos extras sejam criados para abrigar salas de vídeos e podcasting (fichários de som, imagens e vídeos), entre outros itens.

⓫ **Seções escondidas** – Durante a construção do curso, os tópicos que não interessarem aos alunos/participantes ou ainda estiverem em desenvolvimento não serão exibidos se a opção **Seções escondidas são mostradas contraídas** for assinalada.

⓬ **Layout do curso** – Determina se o curso será exibido em uma ou mais páginas.

Os próximos itens se referem à aparência do curso e ao tamanho dos arquivos que poderão ser inseridos nele. O AVA já os apresenta previamente configurado (Figura 3.7), mas caberá ao autor decidir se haverá ou não modificações.

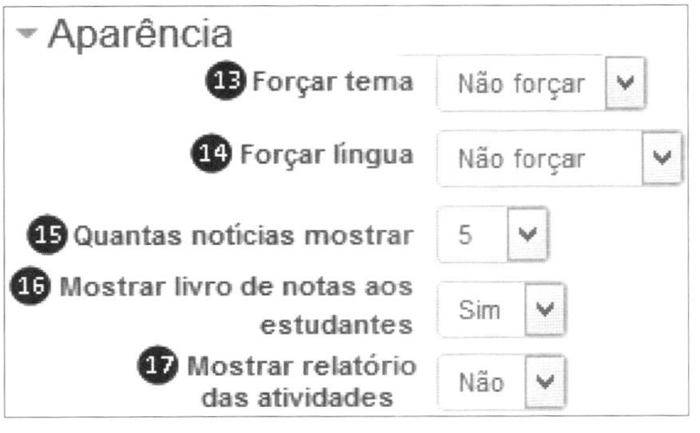

Figura 3.7 – Aparência.

⓭ **Forçar tema** – A administração pode ou não dar a opção para que os usuários utilizem temas próprios. Marcar esta caixa com a opção **Forçar** impedirá que o usuário tenha essa opção.

⓮ **Forçar língua** – O idioma oficial do Moodle é escolhido na instalação. No entanto o software possibilita que os usuários escolham o idioma no qual desejam acessar e visualizar o ambiente virtual. Assim, a melhor opção para a configuração desse item é *Não forçar*, pois dessa forma cada participante poderá escolher seu idioma de preferência.

⓯ **Quantas notícias mostrar** – Esta opção indica quantas notícias serão apresentadas caso o módulo "*Últimas notícias*" seja incorporado ao curso.

⓰ **Mostrar livro de notas aos estudantes** – Caso o curso tenha avaliações ou atividades em que notas ou menções sejam atribuídas, há possibilidade de que os participantes tenham acesso a elas após a avaliação do tutor. Ao manter a opção **Sim** selecionada, o autor permitirá essa ação pelos participantes. Assim, caso não haja a atribuição de notas ou menções, a melhor opção é selecionar **Não** no menu.

⓱ **Mostrar relatório das atividades** – Ao optar pela opção **Sim**, o autor está possibilitando a cada participante, de forma individualizada, identificar todas as ações e atividades realizadas no AVA. É uma ferramenta interessante para a autoavaliação e a verificação de acesso. Cabe lembrar que os tutores têm acesso permanente a este item, que, por sua vez, é disponibilizado na página do perfil de cada usuário.

⓲ **Tamanho máximo de upload** – Indica o tamanho máximo que um arquivo poderá ter para ser enviado ao AVA, seja por administradores, tutores ou participantes. O autor pode optar pelo tamanho (Figura 3.8), mas caberá ao gestor do AVA determinar, ainda no banco de dados dele, o tamanho máximo que estará disponível para essa opção.

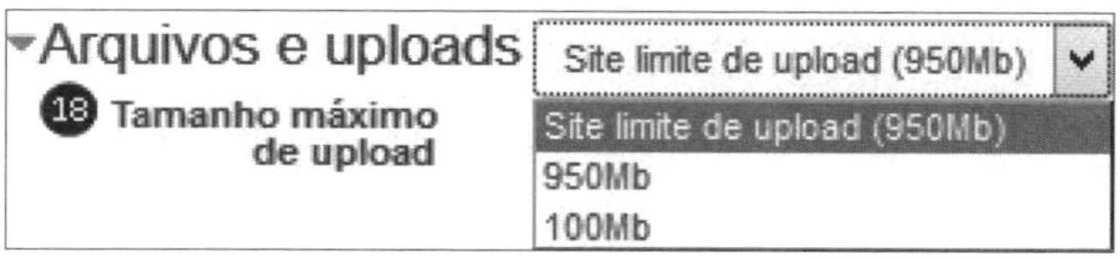

Figura 3.8 – Tamanho máximo de upload.

⓳ **Acompanhamento de conclusão** – Quando ocorre essa habilitação (Figura 3.9), é possível configurar as atividades para que, ao ser concluídas, sejam assinaladas manualmente pelos alunos. Possibilita ainda que sejam estabelecidas condicionantes que automatizem essa marcação.

Figura 3.9 – Acompanhamento de conclusão.

Os alunos podem fazer o curso integrando uma classe única ou divididos em grupos (Figura 3.10).

Figura 3.10 – Grupos.

⑳ **Modalidade grupo** – O tipo de grupo determina como as atividades poderão ser realizadas pelos alunos nos cursos. Há três opções:

- **Nenhum grupo** – Não há divisão dos participantes do curso em grupos.
- **Grupos separados** – Nesta opção, os participantes de cada grupo veem apenas os outros integrantes de seu grupo, ou seja, as mensagens e os participantes de outros grupos não são visíveis.
- **Grupos visíveis** – Cada integrante pode participar apenas das atividades de seu grupo, mas pode ver as atividades e os participantes dos demais grupos.

㉑ **Forçar modalidade grupo** – A opção **Sim** faz com que eventuais especificações para as atividades sejam ignoradas e as definições de grupo sejam mantidas indistintamente.

㉒ **Agrupamento padrão** – Quando habilitado, permite que sejam constituídos subgrupos dentro dos grupos constituídos, sejam separados ou visíveis.

O software permite que os papéis administrativos, docentes e discentes sejam renomeados de acordo com a necessidade (Figura 3.11). Por exemplo, se em vez de gerente houvesse a função coordenador, bastaria escrever o termo "*coordenador*" na caixa em branco ao lado da função "**Gerente**". Depois de fazer as alterações cabíveis, basta clicar em **Salvar mudanças;** esta ação fará o sistema abrir imediatamente o curso criado.

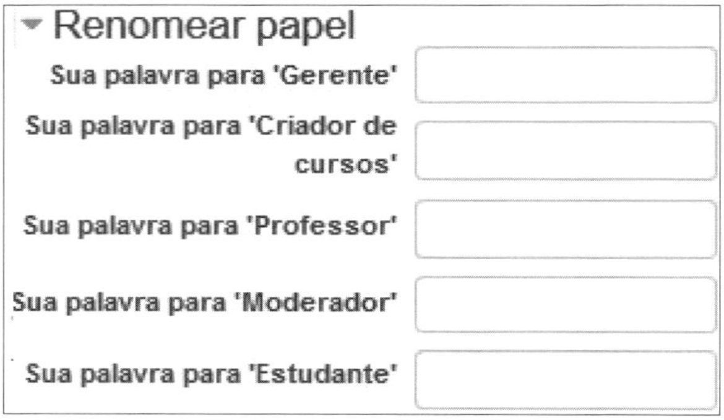

Figura 3.11 – Renomear papel.

O último item é composto com uma caixa (Figura 3.12) que permite que tags sejam usadas como palavras-chave que auxiliam para que o curso seja facilmente encontrado por meio de marcadores.

Figura 3.12 – Marcadores.

Para exemplificar a criação de um curso, a Figura 3.13 exibe o layout geral com a seguinte estrutura:

Nome completo: Curso de Moodle para Gestores, Autores e Tutores

Número de tópicos: 04

Nome breve: CMoodle

Nome de usuário: Autor

Disponibilidade de acesso: somente participantes do curso

Figura 3.13 – Exemplo de curso criado.

Para acessar o curso criado, basta clicar sobre o nome abreviado que se encontra na barra interna de navegação.

3.5 Edição de um curso pronto

Logo após a criação de um curso, o autor poderá fazer sua reconfiguração estrutural bem como inserir ou excluir itens da forma que lhe for conveniente. Para isso, será necessário acionar o link `<Ativar edição>` disponibilizado no canto superior direito do curso também identificado na Figura 3.13.

Depois de o link ser ativado, o AVA se apresentará conforme é mostrado na Figura 3.14. Nele constarão ícones destinados à edição do curso (Tabela 3.1).

Tabela 3.1 – Ícones de edição do curso

⚙	Permite editar o nome do tópico e atualizar atividades ou recursos desenvolvidos anteriormente.
?	Abre uma tela com textos de ajuda sobre o item.
👁	Significa que o item está disponível para ser acessado pelos participantes.
	Indica que o item não pode ser visto ou acessado pelos participantes. É uma situação ideal quando o curso ainda está em construção.
←→	Permite que o item seja deslocado lateralmente.

	Possibilita o acréscimo ou a exclusão de tópicos ou semanas.
	Quando acionado, viabiliza a alteração do nome do item sem que seja necessário editá-lo.
	Quando acionado, permite que o item selecionado seja deslocado para uma nova posição escolhida.
	Elimina o item.
	Permite dar destaque a determinado tópico.
	Duplica o item selecionado.
	Permite que uma atividade seja realizada de forma individual ou em grupo.
	Designa pessoas para que exerçam funções específicas em determinado recurso ou determinada atividade do curso.

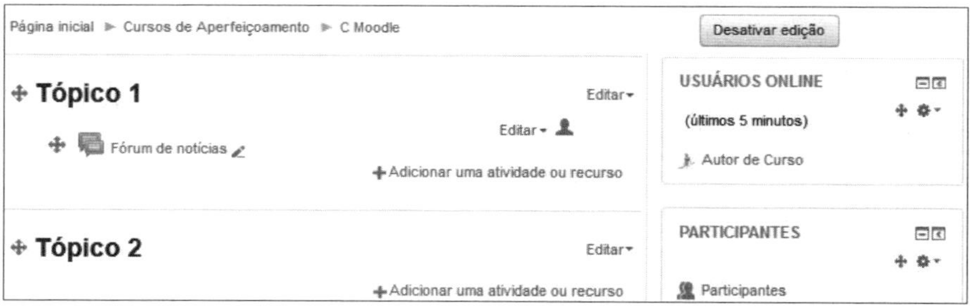

Figura 3.14 – Configurações, navegação, blocos, recursos e atividades.

Cada um dos temas disponíveis para o Moodle tem seu próprio conjunto de ícones. Em caso de dúvidas, a sobreposição do mouse sobre a figura faz com que a descrição seja exibida.

Além de dar acesso aos ícones, a ativação viabiliza o acesso também a outros menus e links muito importantes.

1. Navegação
2. Administração
3. Blocos
4. Link `<Adicionar uma atividade ou recurso>`

O menu Navegação identifica atalhos para o item do curso e a página do AVA aos quais o usuário tenha acesso. O menu **Administração**, como o próprio nome sugere, permite ajustar configurações peculiares ou criar um novo curso. É composto de três outros menus: administração do curso; mudar papel para; e administração do site. O terceiro elemento, representado pelo menu **Blocos**, é composto de diferentes funcionalidades e plugins. Por sua vez, os links <Adicionar uma atividade ou recurso> se relacionam diretamente ao design educacional do curso que esteja sendo visualizado.

Neste capítulo, tendo em vista o objetivo proposto, serão identificadas apenas especificidades relativas aos menus Navegação e Administração. Os demais serão apresentados em capítulos específicos.

3.5.1 Navegação

O acesso aos tópicos e itens dos cursos segue a mesma estrutura geral que este menu apresenta desde a página principal. A diferença a ser observada é que, se visualizado dentro de um curso, esse menu também apresentará links de acesso rápido aos tópicos ou as semanas que o compõem. A Figura 3.15 ilustra a área do curso de um aluno na qual se pode verificar que os módulos do curso são apresentados em formato de links.

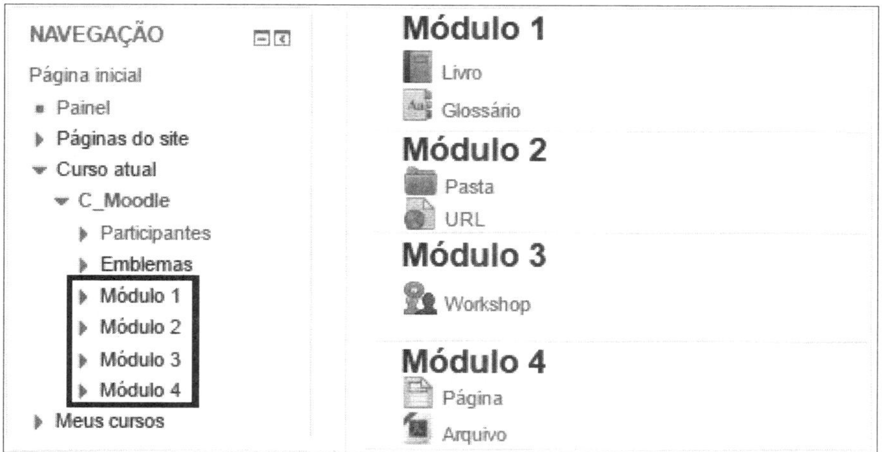

Figura 3.15 – Navegação.

Ainda em relação à Figura 3.15, percebe-se que o nome dado a cada tópico é o mesmo que, automaticamente, aparecerá no menu de **navegação**. Isso só foi possível porque o Moodle permite que os tópicos sejam renomeados a partir de uma ação que se inicia com o acionamento do botão de edição (Figura 3.16).

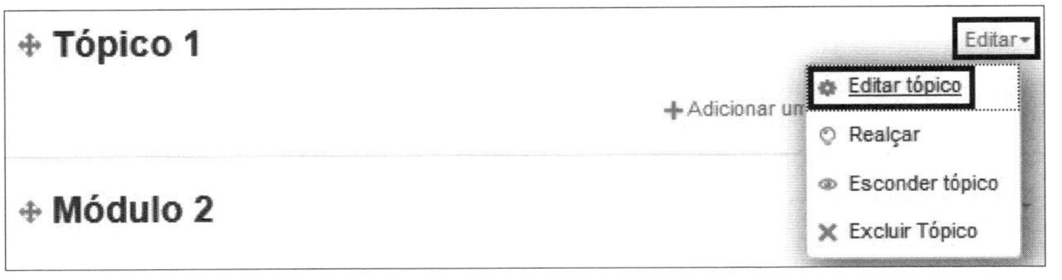

Figura 3.16 – Ativar edição do tópico.

Ao entrar na área de edição, percebe-se que, por padrão, o Moodle numera seus tópicos de forma sequencial (Figura 3.17).

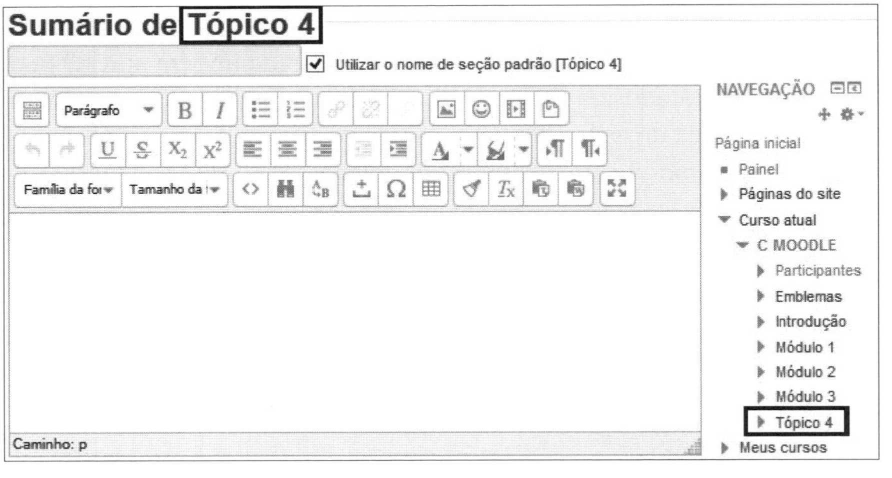

Figura 3.17 – Padrão dos tópicos.

Para inserir o nome que se deseja dar ao tópico, basta desmarcar a caixa-padrão (Figura 3.18) e digitar o nome desejado no espaço liberado.

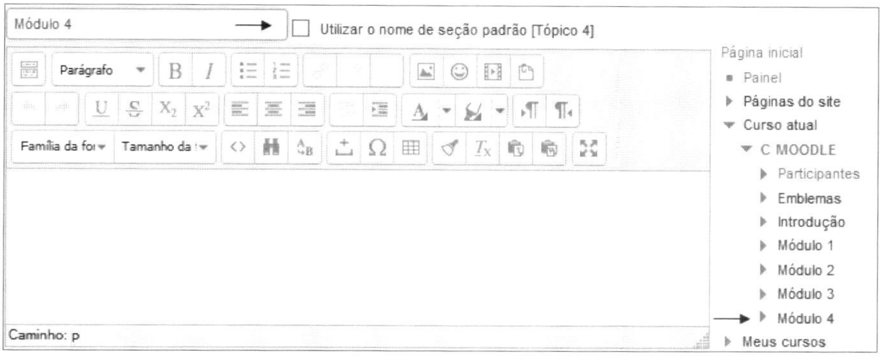

Figura 3.18 – Nome do tópico.

Além da possibilidade de nomear os tópicos, o Moodle permite que os menus e blocos sejam convertidos em abas laterais (Figura 3.19), bastando, para isso, um clique no botão de encaixe que aparece na parte superior direita dos blocos.

Figura 3.19 – Abas laterais.

A possibilidade de transformar blocos em abas laterais também se encontra disponível na página inicial do ambiente.

3.5.2 Administração

Este menu (Figura 3.20) contém os elementos necessários à ação dos autores para criar e configurar um curso.

Figura 3.20 – Administração.

3.5.2.1 Administração do curso

Os ajustes de **Administração do curso** (Figura 3.21) incluem funcionalidades relativas a inscrições; designação de funções; configuração de notas a ser atribuídas às atividades; gerenciamento de grupos de trabalho; realização de backup; gestão de arquivos e relatórios.

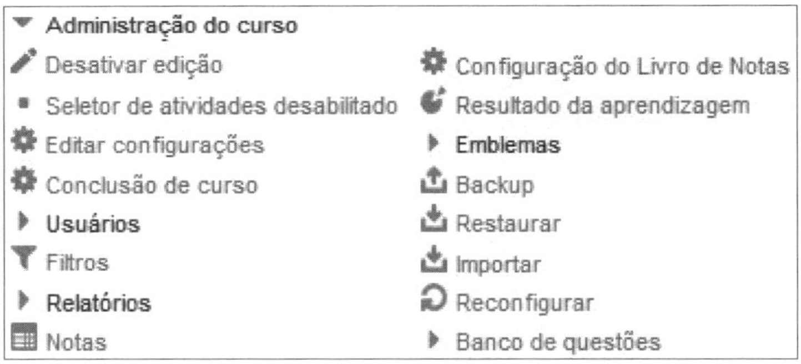

Figura 3.21 – Administração do curso.

Tabela 3.2 – Ícones do menu Configurações/Administração do curso

	Ativar edição/desativar edição – Permite ativar a edição do curso da mesma forma que o link existente no canto superior direito da tela.
	Editar configurações – É a chave-mestra de configuração do curso: datas, formatos, tipo de curso e outros. Na prática, permite retornar à tela de criação do curso.
	Conclusão de curso – Permite especificar quais critérios deverão ser atendidos para que o aluno possa efetivamente concluir o curso com sucesso.
	Inscrição de usuários – Permite que os usuários já inscritos no AVA sejam matriculados no curso conforme o método de inscrição escolhido.
	Grupos e permissões – Possibilita a reunião dos participantes em grupos e que sejam especificadas as atribuições de cada função.

	Atribuir papéis – Designa pessoas já inseridas no AVA para as diferentes funções existentes: administradores, autores, tutores e estudantes, entre outros.
	Filtros – Habilita funcionalidades especiais relacionadas ao uso de plugins e inscrições.
	Relatórios – Permite a emissão de diferentes tipos de relatório.
	Notas – Quando acionado pelo tutor ou coordenador de uma atividade, permite a correção de atividades e atribuição de notas. Quando acionado pelos alunos, permite a verificação das notas obtidas.
	Resultado da aprendizagem – Estabelece padrões esperados para a aprendizagem e, consequentemente, aprovação ou reprovação do aluno.
	Emblemas – Permite adicionar e gerenciar emblemas.
	Backup – Com esse comando é possível fazer o backup do curso, possibilitando assim que ele seja restaurado no mesmo AVA ou em outro.
	Restaurar – Comando que permite restaurar no AVA um curso cujo backup tenha sido realizado.
	Importar – Permite que um curso seja importado e configurado no AVA.
	Reconfigurar – É um atalho que contém funcionalidades presentes nos itens Configuração e Designar funções.
	Banco de questões – Permite criar e disponibilizar perguntas que poderão ser usadas em questionários ou avaliações.
	Arquivos legados – É um repositório interno que permite a organização dos arquivos enviados ao Moodle. Sua habilitação deve ser ativada durante o processo de criação do curso.

3.5.2.2 Mudar papel e Administração do site

Os dois próximos itens do menu – **Mudar papel para** e **Administração do site** – permitem, respectivamente, ver o curso pela perspectiva de outras funções (por exemplo, do estudante e do visitante) e dão acesso à edição e à abertura de novos cursos, conforme mostra a Figura 3.22.

Figura 3.22 – Mudar papel e Administração do site.

Normalmente, as definições contidas nas funcionalidades do menu **Configurações – Administração do curso** estão sob responsabilidade da equipe gestora do AVA. Nesses casos, aos autores e tutores caberão apenas as configurações relativas aos recursos, às atividades e aos blocos.

É importante observar ainda que o menu **Administração do site do Autor** é diferente do menu de mesmo nome utilizado pelos gestores, conforme apresentado no Capítulo 1.

CAPÍTULO 4
Blocos e plugins do Moodle

Apesar de grande parte dos documentos e fóruns de discussão considerar que, no menu de blocos, existam módulos e plugins, na prática, pode-se dizer que o menu contém apenas funcionalidades na forma de plugins, uma vez que os módulos são inseridos no curso por meio do menu de atividades. Por isso, neste livro, será adotado o termo bloco ou plugins para designar ferramentas que, quando colocadas à esquerda ou à direita da área principal do curso, agregam novas possibilidades administrativas ou pedagógicas. Cabe ressaltar também que a instalação e a disponibilização de itens extras que não são contemplados pelo pacote de instalação do Moodle são de responsabilidade da equipe gestora do AVA quando esta faz a instalação ou a configuração. Dessa forma, as possibilidades aqui mostradas poderão variar em relação ao ambiente que, eventualmente, for utilizado na instituição. Nesse caso, se o usuário não for o gestor do AVA, será necessário fazer contato com o responsável por essa área para que as funcionalidades pretendidas possam ser instaladas e customizadas.

4.1 Blocos – funcionalidades básicas

Atualmente, há centenas de blocos que podem ser agregados ao Moodle, e, a cada nova versão, muitos outros são acrescentados. A seguir, encontram-se listadas as principais funcionalidades existentes no momento. Para que se faça a inserção de um bloco em um curso ou uma sala destinada a alguma atividade, os passos serão sempre os mesmos: abrir o menu de blocos e clicar na funcionalidade escolhida.

- **Alimentadores de RSS remotos** – Permite que o AVA receba imediatamente mensagens automáticas e notícias enviadas de portais que trabalham com serviços de RSS.

- **Andamento do curso** – Ao se estabelecerem critérios para conclusão de um determinado curso, gestores e tutores podem verificar quais atividades já foram realizadas e se o aluno concluiu o curso.
- **Aniversário** – Informa a todos os participantes quem são os aniversariantes do dia.
- **Atividade** – Apresenta uma lista simplificada das atividades previstas no curso.
- **Atividade recente** – Mostra as últimas atividades realizadas no AVA.
- **Autocompletar** – Se habilitado nos critérios de acompanhamento da conclusão, permite que o próprio aluno informe que concluiu um curso.
- **Busca do Google** – Acrescenta uma caixa do buscador do Google diretamente no AVA.
- **Calculadora financeira** – Calculadora financeira muito interessante.
- **Calendário** – Mostra o calendário assinalando as atividades de interesse geral ou apenas dos cursos.
- **Comentário** – Habilita uma caixa de mensagens permanente no ambiente do curso que pode ser vista sempre que o usuário acessar este item.
- **Cursos** – Mostra os cursos que podem ser acessados pelo usuário no AVA.
- **Descrição do curso** – Mostra a descrição do curso, que é a mesma colocada no formulário de criação do curso.
- **Entrada aleatória do glossário** – Permite que os itens de um glossário (dicionário de termos específicos acrescentado por meio do menu atividades) sejam mostrados, segundo critérios específicos, para os participantes.
- **Entradas recentes no blog** – Apresenta as últimas postagens que, eventualmente, os usuários tiverem realizado em seus respectivos blogs.
- **Favoritos do administrador** – Tem o objetivo de marcar páginas para que o administrador do AVA possa vê-las na forma de lista de links.

- **HTML** – Este excelente bloco viabiliza inúmeras possibilidades, inclusive a colocação de imagens e vídeos.
- **Links da seção** – Permite visualizar os links que estão disponibilizados em cada módulo do curso.
- **Localizador de comunidade** – Possibilita a inscrição e o acesso a cursos gratuitos oferecidos por comunidades e instituições.
- **Mensagens** – Mostra as mensagens recebidas.
- **Mentorandos** – Mostra os alunos que estão na condição de orientandos do tutor do curso.
- **Menu do blog** – Cada participante pode construir um blog. Essa ferramenta viabiliza um atalho.
- **Meus arquivos privados** – Abre uma área para que cada participante possa fazer upload de arquivos de seu interesse sem que estes fiquem à disposição ou possam ser vistos por outras pessoas.
- **Participantes** – Apresenta a lista de participantes de um determinado curso ou mesmo de todo o AVA se for colocado em sua página principal.
- **Pesquisa nos fóruns** – Realiza busca de palavras, frases ou expressões eventualmente citadas nos fóruns do curso.
- **Próximos eventos** – Identifica, por data, os próximos eventos relacionados ao calendário de tarefas e atividades do curso.
- **Resultados do quiz** – Relaciona as maiores e as menores notas obtidas pelos participantes em atividades do tipo questionário.
- **Tags** – Mostra as palavras-chaves ou os termos indexadores do curso.
- **Tags do blog** – Mostra as palavras-chaves ou os termos indexadores do blog.
- **Usuário autenticado** – Mantém na área principal uma identificação completa do usuário, incluindo foto, nome completo, cidade, estado e email.
- **Usuários online** – Identifica os usuários que estão acessando o AVA.

- **Últimas notícias** – Mostra as últimas notícias geradas pelo autor/tutor. A quantidade de notícias mostradas é controlada na página de configuração do curso.

Ao ser utilizados, os blocos se apresentam nas laterais do ambiente virtual. A Figura 4.1 apresenta alguns exemplos de inserção desses blocos em um curso.

Figura 4.1 – Exemplos de blocos inseridos em um curso.

A estruturação de um ambiente de aprendizagem virtual requer planejamento. O uso excessivo de blocos pode comprometer o design e a usabilidade.

4.2 Blocos: destaques e configurações

Os blocos e plugins do Moodle têm sido constantemente aperfeiçoados. Uma possibilidade que mais tem se destacado é a que permite a configuração de blocos em qualquer local do ambiente virtual. Se, por exemplo, a coordenação geral do ambiente virtual quisesse que o calendário de eventos ficasse visível em todas as páginas, isso seria possível. Da mesma forma, um tutor poderia fazer com que a caixa de mensagens aparecesse em todas as páginas do curso, e não apenas na página inicial.

Ao clicar no ícone de edição do bloco, aparecerão as opções de configuração (Figura 4.2).

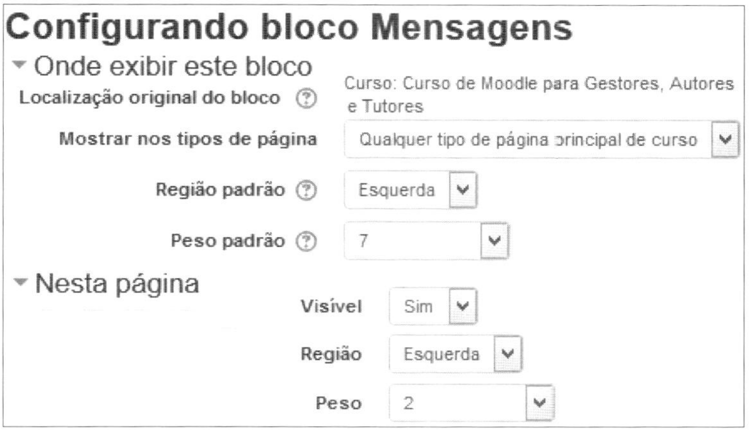

Figura 4.2 – Configuração de bloco.

Uma mudança interessante quanto aos blocos se encontra na possibilidade de lhe atribuir um peso. O objetivo dessa ação é criar uma relação de precedência, ou seja, de importância entre os blocos inseridos. Assim, além do tradicional uso de setas para o deslocamento vertical dos blocos, pode-se utilizar a atribuição de peso. O valor (-10) indica que o bloco ficará na posição mais alta entre os demais; o valor (10) indica o bloco com menor prioridade entre todos.

Antes de iniciar o uso de blocos e plugins, é necessário que a configuração adequada dos filtros e dos plugins multimídia seja realizada pelo administrador do Moodle.

Nos itens a seguir, serão analisados alguns dos principais blocos e suas respectivas especificidades para configuração.

4.2.1 Alimentadores de RSS remotos

Os RSS fornecem notícias atualizadas aos assinantes de serviços especializados da internet. Os *feeds* permitem que os usuários recebam conteúdos permanentes de diferentes sites sem que seja necessário acessá-los. A Figura 4.3 apresenta um exemplo de configuração em que o assinante deseja receber notícias geradas pelo Ministério da Educação (MEC).

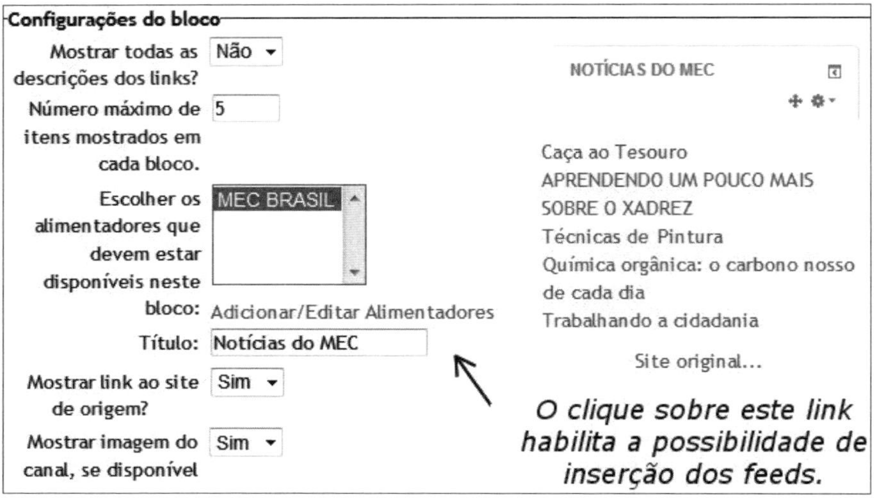

Figura 4.3 – Alimentadores de RSS.

4.2.2 Andamento do curso/Status da conclusão

Trata-se de uma das ferramentas mais inovadoras das atuais versões do Moodle. Sua configuração se inicia ainda na fase de criação do curso a partir da ativação do acompanhamento da conclusão, conforme mostra a Figura 4.4.

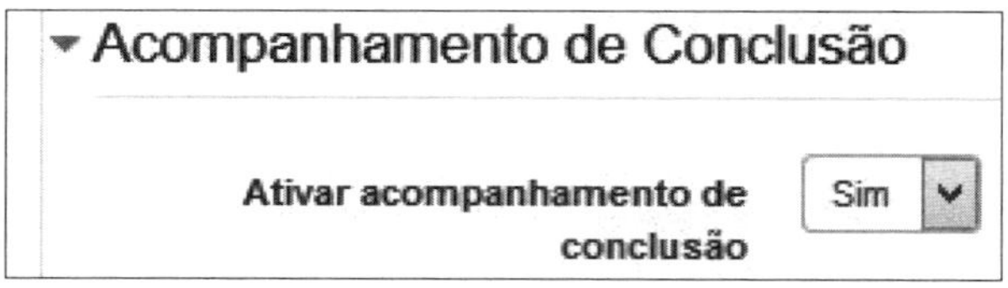

Figura 4.4 – Conclusão.

Quando esse comando é acionado, o AVA permite o acompanhamento do desenvolvimento dos estudos do aluno de duas formas. Na primeira (Figura 4.5), caberá ao próprio participante marcar, manualmente, os recursos e as atividades já concluídos. Para habilitar essa opção, bastará que o autor escolha, em suas respectivas condicionantes, a opção "os alunos podem marcar manualmente a atividade como concluída". Automaticamente, caixas com linhas brancas, com linhas contínuas e brancas, identificam essa situação.

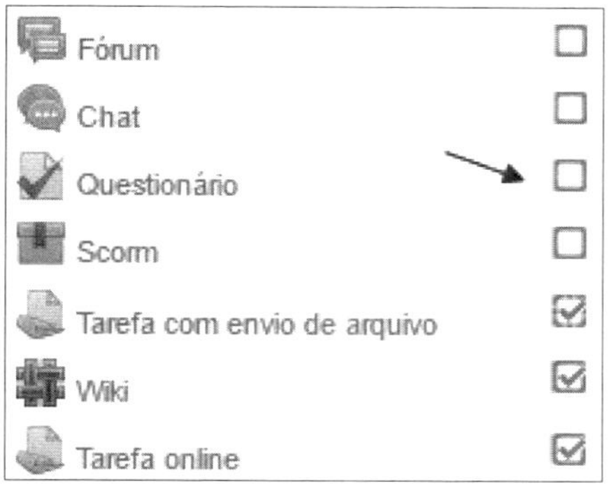

Figura 4.5 – Marcação manual.

A outra opção – "Mostrar a atividade como concluída quando as condições forem satisfeitas" – faz com que o sistema crie condicionantes específicas para que esse sistema possa considerar que o aluno cumpriu todos os pedidos solicitados e os concluiu com sucesso. Assim, nesse caso, a caixa também aparecerá, mas o aluno não poderá fazer marcações, pois essas marcações serão assinaladas automaticamente pelo AVA quando o aluno concluir satisfatoriamente os pedidos. As caixas dessa opção se mostram pontilhadas ou acinzentadas, conforme podemos ver na Figura 4.6.

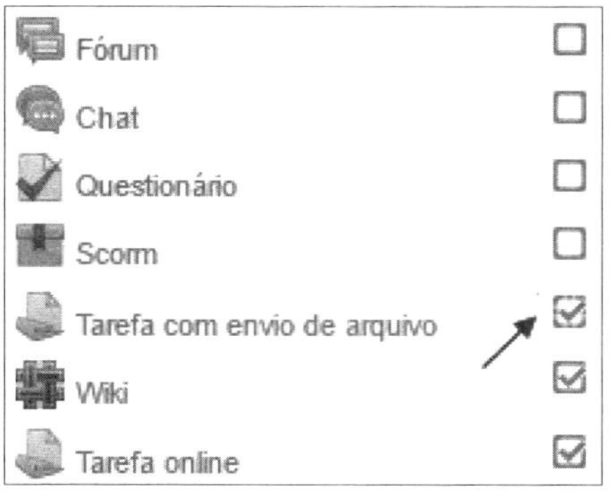

Figura 4.6 – Marcação condicional.

O bloco **Status da Conclusão do Curso (Andamento do Curso)** funciona como um identificador visual que disponibiliza diferentes opções para o aluno e o tutor (Figura 4.7). Enquanto o aluno acompanha suas atividades entregues ou concluídas, o tutor pode administrar o trabalho de todos os alunos validando ou não as conclusões de curso a partir do link `<Ver relatórios do curso>`.

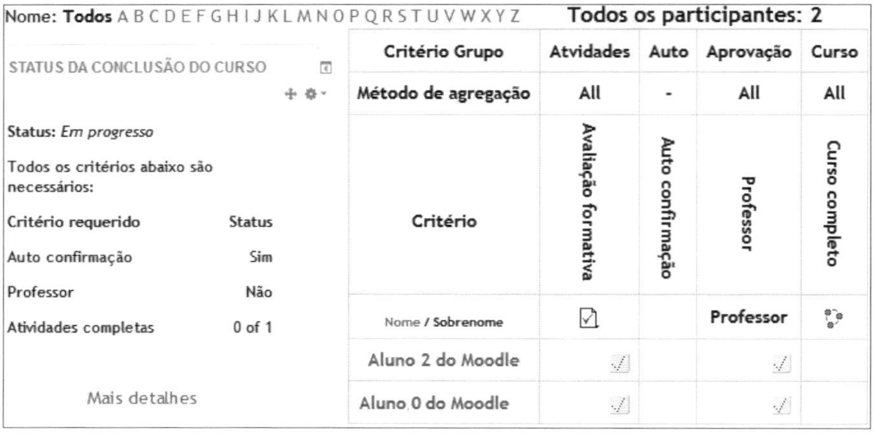

Figura 4.7 – Acompanhamento.

4.2.3 Autocompletar

O bloco permite que o aluno informe o fim de sua participação no curso. Sua configuração é feita em duas etapas (Figura 4.8): inserção do bloco e estabelecimento de critérios. A primeira etapa é realizada com sua inserção a partir do menu **Blocos**. A segunda, com base nos critérios inseridos no link `<Conclusão de curso>` do menu de **Administração do Curso**.

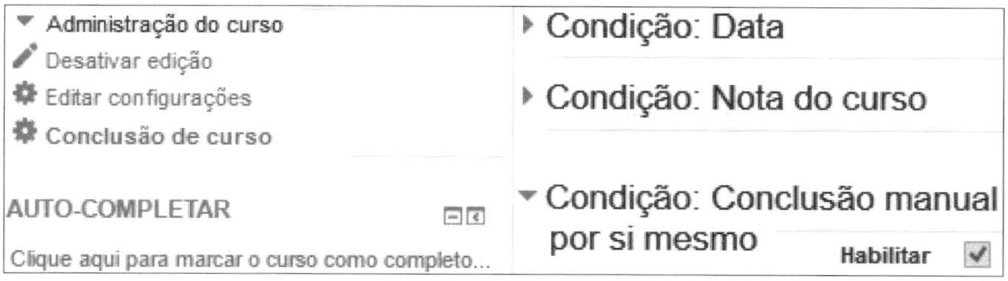

Figura 4.8 – Autocompletar.

4.2.4 Comentários

O bloco comentários (Figura 4.9) permite que pequenos textos sejam adicionados às páginas do ambiente virtual. É uma opção interessante que funciona de modo semelhante ao Twitter, onde qualquer pessoa com acesso ao curso poderá deixar sua mensagem, que, por sua vez, será vista por todos. Ao clicar na caixa, basta digitar o texto e salvar o comentário.

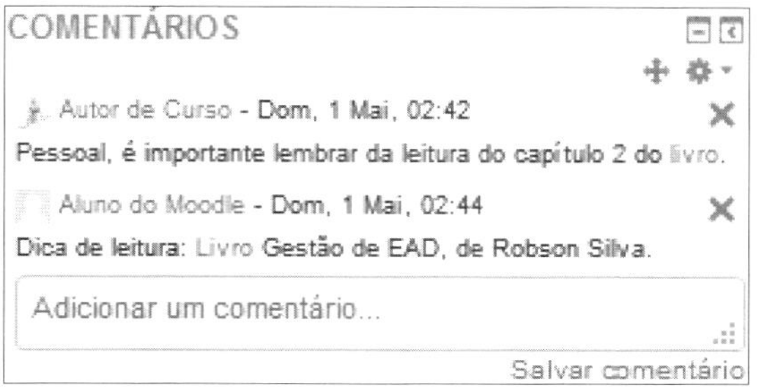

Figura 4.9 – Comentários.

4.2.5 Entrada aleatória do glossário

Este bloco possibilita que termos importantes sejam aleatoriamente apresentados aos alunos sempre que esses alunos acessarem o curso. Sua configuração se inicia com a inserção do glossário no contexto do curso por meio do menu de **Atividades** e finaliza com a inserção do bloco e a realização dos ajustes finais, conforme mostra a Figura 4.10.

Figura 4.10 – Entrada aleatória do glossário.

4.2.6 Localizador de comunidade

Universidades e instituições do mundo todo têm se unido para oferecer cursos gratuitos online, também conhecidos por MOOC (*Massive Open Online Course*). A utilização deste bloco no Moodle permite que as pessoas busquem cursos de seu interesse em diferentes comunidades (Figura 4.11).

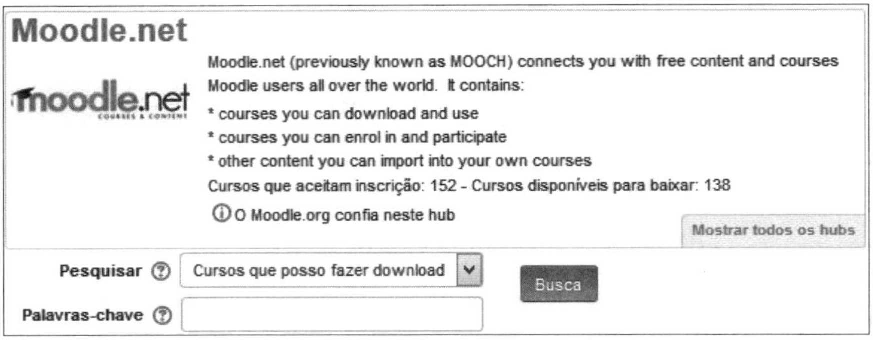

Figura 4.11 – Localizador de comunidade.

4.2.7 Mensagens

A caixa de mensagens passou por mudanças que a deixaram mais funcional e amigável (Figura 4.12). Além de poder buscar e selecionar os contatos pessoais, as opções para exclusão e exibição do histórico das mensagens já trocadas também se destacam como aspectos relevantes.

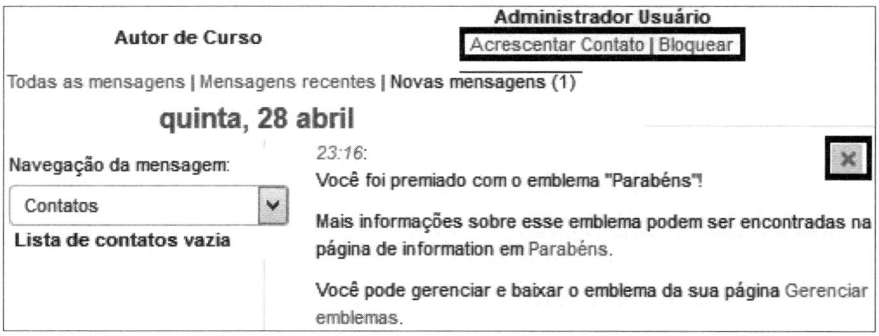

Figura 4.12 – Caixa de mensagens.

O recebimento das mensagens faz-se presente com várias opções que devem ser previamente configuradas pelo administrador do site a partir do link `<Saídas padrão de mensagens>` do menu **Plugins** (Figura 4.13). As possíveis opções incluem avisos por email e janelas pop-up.

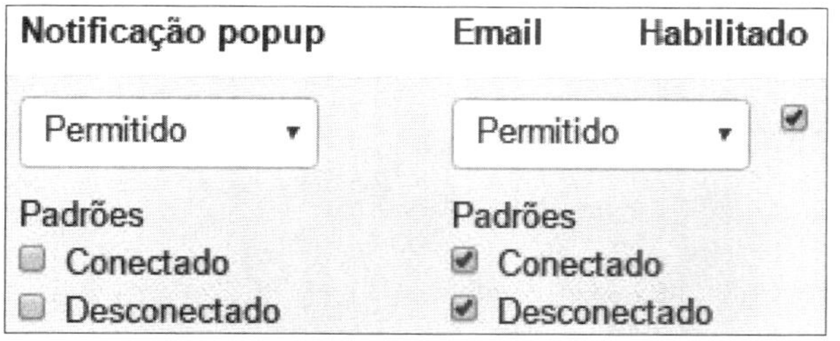

Figura 4.13 – Opções de notificação.

4.2.8 Meus arquivos privados

O bloco (Figura 4.14) permite que um usuário possa gerenciar arquivos pessoais, ou seja, trata-se de um espaço pessoal. Na prática, observa-se que o recurso diretório das versões 1.9, além de estar disponível para todos, tornou-se mais acessível e útil, permitindo que sejam realizadas diferentes operações, com destaque para criação de diretórios (pastas), download, renomear, mover e excluir arquivos.

Figura 4.14 – Arquivos privados.

4.2.9 Relatórios configuráveis

O bloco tem se apresentado como uma alternativa bastante interessante para a geração de relatórios personalizados (Figura 4.15) sobre as categorias, os cursos e a atuação dos usuários no AVA.

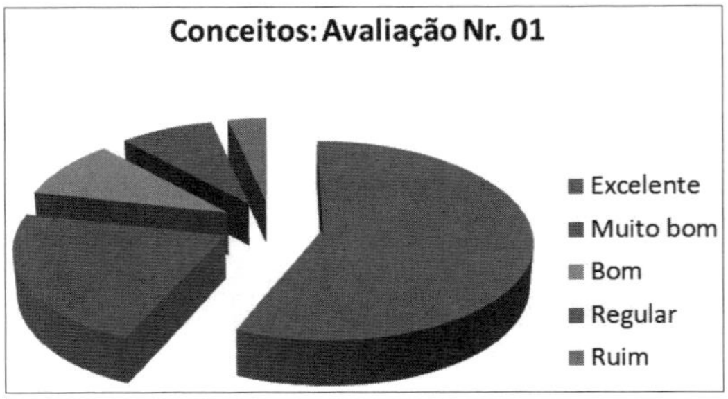

Figura 4.15 – Relatórios configuráveis.

4.2.10 Barra de progresso

É uma ferramenta que possibilita o acompanhamento da realização dos recursos e das atividades pelos alunos. Conforme vemos na Figura 4.16, permite uma visualização bastante completa do desenvolvimento dos participantes por meio de códigos de cores e marcações especiais. Além do indicador individual, a ferramenta gera um relatório visual onde o tutor poderá ter uma visão geral sobre as atividades de todos os participantes.

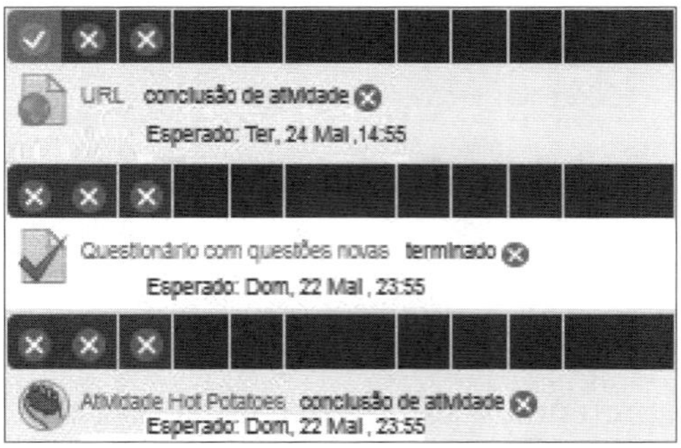

Figura 4.16 – Barra de progresso.

4.2.11 HTML

Este é um bloco muito importante, que deverá ser sempre instalado mesmo que o pacote baixado do site do Moodle não o contemple. Sua inserção em curso ou atividade se dá a partir de escolha no menu de blocos, bastando que o menu seja aberto e haja um clique sobre a expressão

HTML. Sua versatilidade se deve ao fato de permitir a inserção, nas áreas laterais do curso, de qualquer tipo de mídia, incluindo sons, imagens e vídeos. Observa-se que, na prática, o HTML (Figura 4.17) tem as mesmas funcionalidades que o recurso Rótulo, que será visto no próximo capítulo.

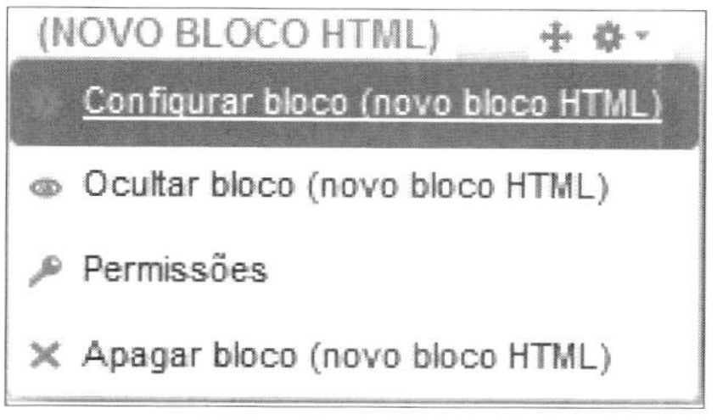

Figura 4.17 – Edição de HTML.

Destaca-se ainda como opção a possibilidade de o bloco poder ser minimizado na forma de aba lateral e a modificação do ícone (Figura 4.18) que ativa a caixa para incorporação de códigos de compartilhamento.

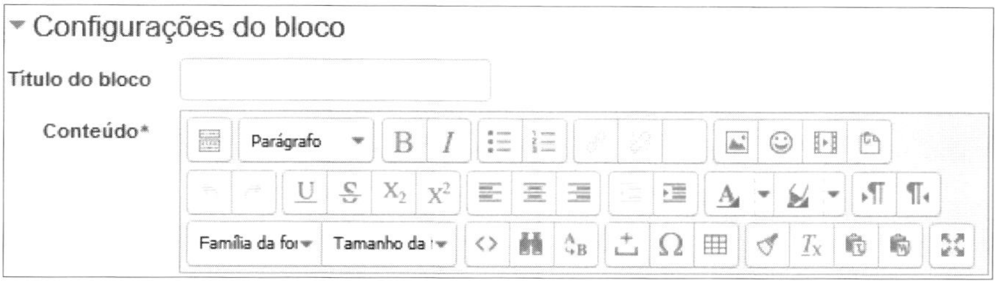

Figura 4.18 – HTML.

Os comandos disponibilizados nesse bloco são semelhantes aos oferecidos pela maioria dos softwares de edição de textos. Possibilitam diversidade de fontes, cores, destaques, tamanho de letras dos textos, alinhamentos, uso de figuras, links e, principalmente, trazem as vantagens do uso de HTML e de códigos de compartilhamento. Observe na Figura 4.19 a tela de configuração de HTML.

Para que funcione corretamente, é preciso que alguns procedimentos básicos sejam adotados, principalmente quanto à habilitação do software para o trabalho com multimídia.

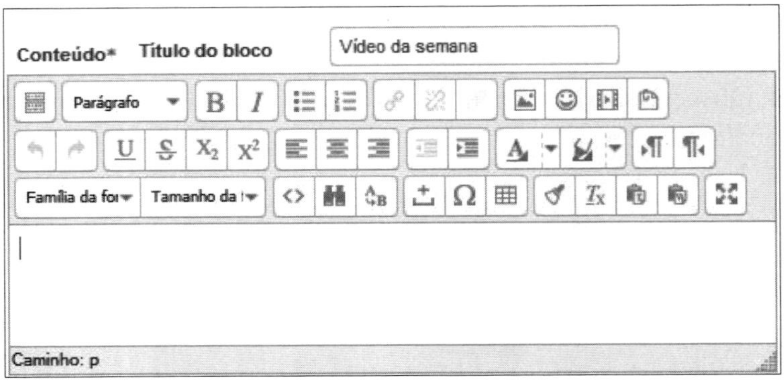

Figura 4.19 – Tela de HTML.

Os plugins de vídeo e som só funcionam se, na caixa de administração do site, a opção **plugins** estiver habilitada nos filtros.

4.2.11.1 HTML – Inserção de um vídeo

Há duas possibilidades de inserção de um vídeo em um bloco HTML.

A partir do upload de um arquivo de vídeo diretamente para o curso

Primeiro, deve-se clicar no link/pasta Arquivos Legados (Figura 4.20), na caixa de administração do curso, e enviar o vídeo.

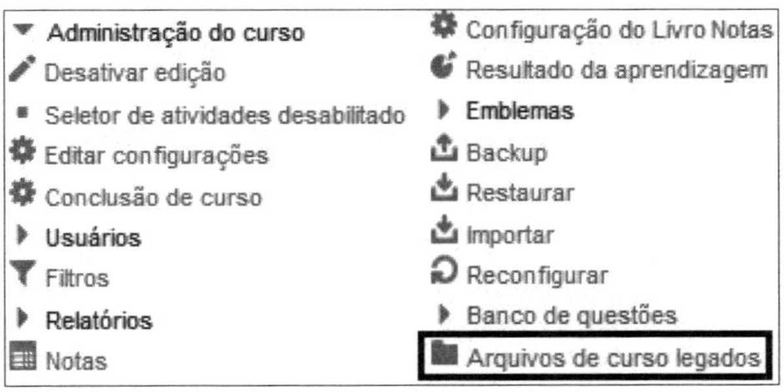

Figura 4.20 – Arquivos legados.

O novo banco de dados do Moodle dificulta a captura de links diretos de arquivos enviados via upload. Dessa forma, a melhor alternativa é habilitar a pasta de arquivos legados a partir da ação do administrador do AVA.

Após o arquivo ser enviado, clica-se nele com o botão direito do mouse e, depois, em **copiar atalho**.

O endereço copiado por meio desse procedimento deverá ser guardado adequadamente. Para isso, a melhor solução é abrir um arquivo no bloco de notas (.txt), onde deverá ser colado o endereço.

A partir desses passos, para que o vídeo seja disponibilizado no curso, conforme mostra a Figura 4.21, deverão ser adotados os seguintes procedimentos:

1. Inserir o bloco HTML que receberá o vídeo e clicar no ícone de edição.
2. Clicar no botão com a inscrição HTML que se encontra no final da segunda linha de ícones/comandos (observe que a caixa de edição ficará acinzentada).
3. Digitar o código (<embed src="link do video" width="120" height="120"</embed>).
4. Substituir a expressão "link do vídeo", colando entre aspas (" ") o endereço do vídeo (deve-se utilizar o atalho copiado por meio dos comandos Copiar [Ctrl + C] e Colar [Ctrl + V]).
5. Finalmente, salvar as alterações.

Os termos width e height indicam, respectivamente, largura e altura da imagem. Caso a figura fique excessivamente pequena ou grande, basta que esses valores sejam alterados proporcionalmente.

Figura 4.21 – Visualização do vídeo.

Utilização do código de compartilhamento de vídeo

Há vários sites especializados na disponibilização de vídeos para compartilhamento. Entre outros, o YouTube (Figura 4.22) e o Teachertube constam na lista dos mais populares.

Figura 4.22 – Vídeo no YouTube.

Para inserir um vídeo do YouTube na caixa HTML, por exemplo, deve-se proceder da seguinte forma:

1. No endereço *www.youtube.com* escolhe-se o vídeo de interesse.
2. Ao lado do vídeo aparecerão algumas caixas contendo endereços, entre elas, a caixa denominada "**incorporar**" ou "**embed**".
3. Por meio de um clique com o botão direito do mouse, copia-se o endereço. Um exemplo de código de compartilhamento de um vídeo do YouTube é:

```
<object width="425" height="344"><param name="movie"
value="http://www.youtube.com/v/1LxRS71yX8k&hl=pt-br&fs=1&"></
param><param name="allowFullScreen" value="true"></param><param
name="allowscriptaccess" value="always"></param><embed src="http://
www.youtube.com/v/1LxRS71yX8k&hl=pt-br&fs=1&" type="application/x-
shockwave-flash" allowscriptaccess="always" allowfullscreen="true"
width="425" height="344"></embed></object>
```

4. Abre-se o bloco HTML que receberá o vídeo e clica-se no ícone de edição.
5. Clica-se no botão com a inscrição HTML que se encontra no final da segunda linha de ícones/comandos (observar que a caixa de edição ficará acinzentada).
6. O código capturado no YouTube deverá ser colado (Crtl + V).
7. Terminados os procedimentos, as modificações deverão ser salvas.

O YouTube disponibiliza vídeos de todos os gêneros. Por sua vez, o Teachertube é especializado em vídeos voltados à área educacional. Para saber mais sobre o Teachertube, acesse *www.teachertube.com*.

4.2.11.2 HTML – Inserção de um arquivo de som

Os procedimentos básicos para a inserção de um arquivo de som (mp3, wav) são os mesmos adotados para a inserção de um vídeo. A diferença é o código de suporte à inserção:

1. Deve-se clicar no link/pasta *Arquivos* que se encontra na caixa de administração do curso e enviar o arquivo de som.
2. Após o arquivo ser enviado, clica-se sobre ele com o botão direito do mouse e aciona-se o comando "**copiar atalho**". Agora, um arquivo de texto deve ser aberto no bloco de notas, colando-se nele o endereço capturado.
3. Insere-se o bloco HTML que receberá o arquivo de som e, após a inserção, clica-se no ícone de edição.
4. O botão com a inscrição HTML que se encontra no final da segunda linha de ícones/comandos deverá ser acionado (observe que a caixa de edição ficará acinzentada).
5. Digita-se o código:

```
<a href=" link do arquivo de som "> Nome do arquivo para visualização</a>.
```

6. A expressão "link do arquivo de som" deve ser substituída, colando-se entre aspas (" ") o endereço do arquivo de som (utilize o atalho copiado por meio dos comandos Copiar [Ctrl + C] e Colar [Ctrl + V]).
7. As alterações devem ser salvas.

Resultado da inserção de um arquivo de som no bloco HTML (Figura 4.23):

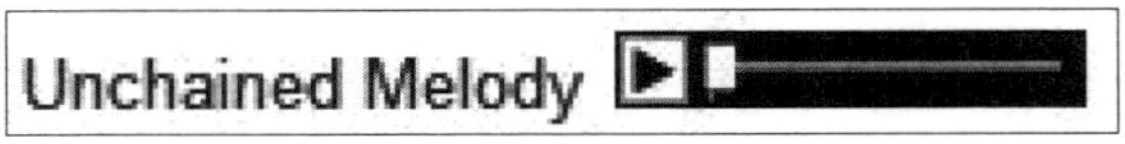

Figura 4.23 – Inserção de som.

4.2.11.3 HTML – Inserção de arquivos em formato PowerPoint ou Flash

Apesar de estes formatos (PowerPoint ou Flash) serem pouco conhecidos do público, há excelentes formas de disponibilizar arquivos com o uso deles diretamente no Moodle sem necessidade de download. Dois serviços interessantes são:

- Slideshare (*www.slideshare.net*);
- Authorstream (*www.authorstream.com*).

Para inserir uma apresentação hospedada Authorstream, por exemplo, deve-se proceder da seguinte forma:

1. Acessar o endereço *www.authorstream.com* para encontrar uma apresentação de interesse.
2. Observe que, ao lado do vídeo, aparecerão algumas caixas contendo endereços. A caixa assinalada com **incorporar** ou **embed** deverá ser visualizada.
3. Clica-se na caixa e, com o botão direito do mouse, copia-se o endereço.
4. O bloco de HTML deverá, então, ser inserido.
5. Clica-se no botão com a inscrição HTML que se encontra no final da segunda linha de ícones/comandos. A caixa ficará acinzentada.
6. O código capturado no site deverá ser colado na caixa.

```
(Exemplo:<div><h3 style="padding:0px;margin:3px;"><a href="http://
www.authorstream.com/Presentation/cigrobson-250672-educa-hipertextual-
conceitos-sicos-hipertexto-hiperdocumento-ead-amaz-nia-educ-basicos-
education-ppt-powerpoint/" target="_blank" style="font:normal
18px,arial;">Educação Hipertextual: conceitos básicos</a></h3><object
width="425" height="354" id="player"></div></div>)
```

7. As modificações devem ser salvas.

Em todos os casos em que o bloco HTML for utilizado para compartilhamento de som, vídeo e apresentações, o botão deverá ser acionado para que eventuais alterações possam ser feitas.

Oportunidades para o uso de vídeo e arquivos de som

O uso de vídeos e arquivos de som deve ser realizado com propriedade e oportunidade. O excesso pode atrapalhar o aprendizado, desviando a atenção dos participantes. Na prática, não há uma fórmula capaz de mostrar com exatidão quando se deve ou não utilizá-los. No entanto algumas recomendações se mostram importantes:

- Certifique-se de que os vídeos e arquivos de som estejam devidamente relacionados com o assunto que estiver sendo abordado naquele momento, no curso.
- Evite excesso de vídeos na página principal do curso.
- Caso existam muitos vídeos, o ideal é que seja aberto um podcasting (ficheiro), ou seja, uma estrutura específica para a disponibilização de arquivos multimídia – sejam eles textos, vídeos, fotos ou áudio.
- Para a criação de podcasting, uma boa opção é o uso de tabelas inseridas em páginas web. Para isso, sugere-se o uso do recurso **Criar uma página web**.

Há dois softwares livres muito importantes para a criação de arquivos e podcasting de áudio: Audacity (*http://audacity.sourceforge.net/*) e Power Sound Editor (*www.free-sound-editor.com*).

4.2.12 Outros blocos interessantes

A cada versão, novas opções ficam disponibilizadas para os usuários. Atualmente, merecem destaque:

- **Word Import** – Permite que textos completos do Microsoft Word 2010 (docx), do LibreOffice e do Google Docs sejam copiados e colados (Figura 4.24) no Moodle sem perda de formatação, incluindo-se tabelas, imagens embutidas e equações.

Figura 4.24 – Word Import.

- **Presença** – Este bloco (Figura 4.25) é a extensão natural de um módulo de mesmo nome que, quando configurado, permite que o sistema ou o próprio participante assinale a presença em determinada atividade que exija interação. É uma ferramenta útil para a geração de relatórios.

Figura 4.25 – Presença.

- **Email** – Torna possível o envio de email (Figura 4.26) diretamente para cada participante. Na prática, funciona como um servidor de email completo com envio, exclusão, histórico e tudo mais que caracteriza este tipo de serviço.

Figura 4.26 – Email.

CAPÍTULO 5

Recursos do Moodle

O menu de **recursos** apresenta ferramentas de diferentes tipos que se destinam à disponibilização de arquivos, textos, sons e imagens para visualização ou download (Figura 5.1).

Figura 5.1 – Opções do menu de recursos.

A seguir, serão apresentados os principais recursos que, atualmente, estão disponíveis para utilização, seja por padrão ou por instalação extra.

5.1 Identificando as funcionalidades

A cada versão, novos recursos são incorporados ao Moodle. Atualmente, os que se destacam são os seguintes:

- **Arquivo** – Permite o envio e a disponibilização de arquivos no AVA.
- **Conteúdo do pacote IMS CP** – Incorpora ao ambiente os arquivos empacotados no padrão IMS CP.
- **Livro** – Este recurso possibilita a construção de conteúdos contínuos ou em formato de capítulos. Sua versatilidade se acentua graças à possibilidade de combinar diferentes mídias com textos.
- **Página** – Viabiliza a construção de páginas web por meio do uso de textos, figuras, filmes, sons, entre outros recursos.

- **Pasta** – Este recurso permite que o usuário visualize uma pasta onde arquivos estão armazenados e prontos para uso.
- **Rótulo** – Este recurso é muito versátil por deter as mesmas propriedades e possibilidades do bloco HTML.
- **URL** – Disponibiliza links de acesso a endereços na internet, intranet ou no próprio contexto do curso.
- **RecordingsBN** – Ferramenta que permite ministrar aulas síncronas, gravar e disponibilizar apresentações online completas, incluindo arquivos, som e imagem.

5.2 Aspectos importantes

O uso dos recursos requer planejamento adequado para que possam ser evitados excessos e impropriedades. Assim, as observações constantes de cada item a seguir objetivam identificar informações relevantes tanto do ponto de vista técnico quanto didático para a utilização desses recursos.

5.2.1 Arquivo

Este recurso permite que sejam disponibilizados arquivos em quaisquer formatos para visualização ou download. Seu uso requer a avaliação de diferentes fatores. O principal deles é verificar se os participantes irão precisar de softwares ou plugins adicionais para a visualização do arquivo em questão. Assim, caso os usuários não tenham acesso a estes (softwares ou plugins), deve-se providenciar para que sejam disponibilizados. Um fator a considerar nesses casos é que arquivos que requeiram programas externos ao Moodle, preferencialmente, devem ser abertos em uma nova janela.

Arquivos que requeiram programas externos ao Moodle ou que não estejam formatados nos padrões de navegação via web devem ser evitados. No entanto, caso sejam imprescindíveis, a melhor opção é criar uma pasta especial para servir como biblioteca do curso.

A inserção do arquivo se inicia com o acionamento do menu de **recursos**. A seguir, o software apresentará dois campos para que o nome e a descrição do arquivo sejam inseridos (Figura 5.2).

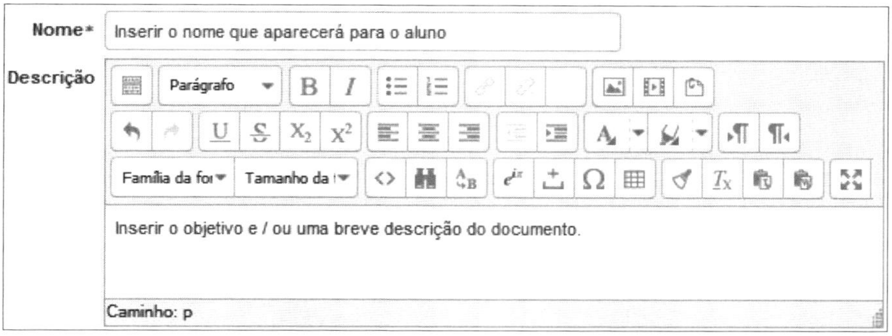

Figura 5.2 – Informações do arquivo.

O próximo passo consiste na inserção do arquivo, que pode ser feita de duas formas, conforme mostra a Figura 5.3.

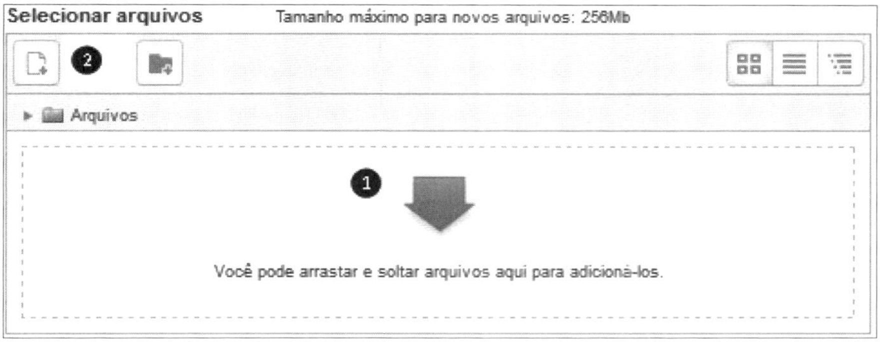

Figura 5.3 – Busca e inserção.

❶ **Arrastar e soltar** – Nesta primeira opção, um arquivo deverá ser localizado no computador e, mantendo o botão esquerdo do mouse selecionado, ser arrastado até a grande seta posicionada no centro do retângulo.

❷ **Adicionar** – Esta opção se inicia com um clique sobre o botão **adicionar**, que, quando acionado, apresenta várias opções para busca e escolha do arquivo.

O processo de gestão desses arquivos se fundamenta na configuração da ferramenta *File Picker*, que tem quatro opções como padrão para armazenamento e mostra: *arquivos do servidor, arquivos recentes, enviar um arquivo* e *arquivos privados* (Figura 5.4).

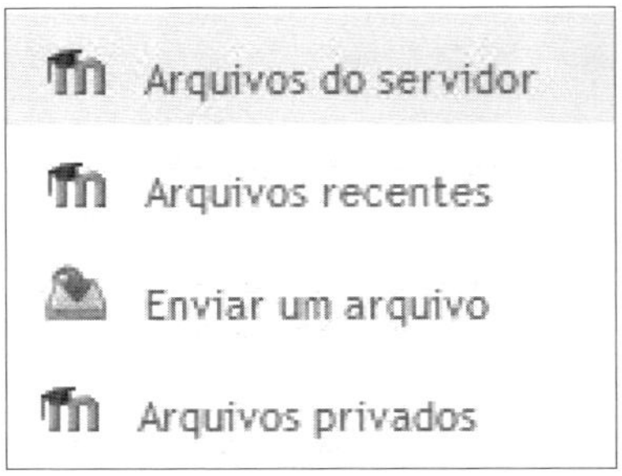

Figura 5.4 – Repositório-padrão.

Nas duas primeiras opções, os arquivos já devem ter sido enviados ao AVA anteriormente para que possam ser utilizados. Nas demais, se, por exemplo, o arquivo estiver no computador, bastará clicar em `<enviar um arquivo>`, `<escolher ficheiro>`, inserir o nome do arquivo e `<enviar o arquivo>` (Figura 5.5).

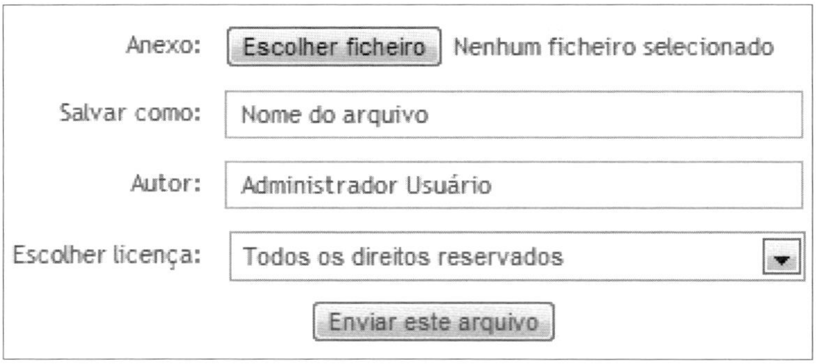

Figura 5.5 – Envio do arquivo.

Há ainda a possibilidade de utilizar repositórios externos que devem ser configurados pelo gestor do AVA por meio do comando `<Administração do site - Módulos - Repositórios>`. Atualmente, o Moodle aceita inúmeros repositórios, com destaque para: YouTube, Google Docs, Alfresco, Wikimedia, Box.net, Legacy, Dropbox, File system, Flickr, Merlot.org, Amazon S3, URL Downloader e WebDAV repository.

Para ilustrar o uso de um repositório externo, pode-se pegar, por exemplo, uma pessoa que queira disponibilizar no perfil de usuário o currículo que se encontra hospedado no Google Drive (Figura 5.6). Nesse caso, bastaria clicar no ícone correspondente a esse serviço, realizar o login (dados de usuário do serviço) para, assim, poder acessar o arquivo desejado, trazendo-o para o Moodle.

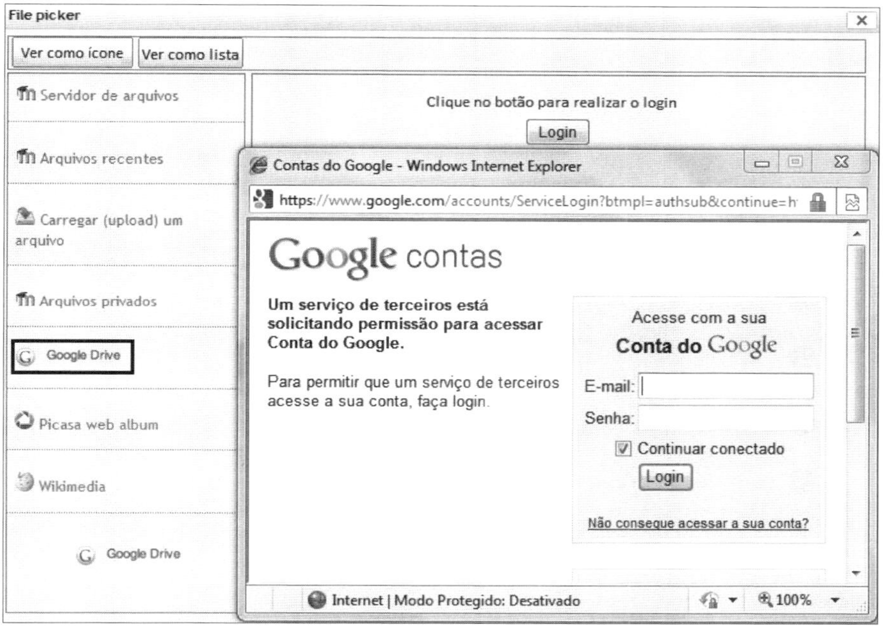

Figura 5.6 – Repositório externo.

Caso o administrador do Moodle habilite os repositórios externos, será possível não só a importação de arquivos, mas também a exportação daqueles já inseridos no Moodle para esses serviços.

Após a inserção, deve-se, além de deixar o arquivo visível, escolher a forma por meio da qual esse arquivo será mostrado quando receber um clique (Figura 5.7). Neste contexto, dentre as opções, merecem destaque o download (permite que o usuário baixe o arquivo) e o automático (o arquivo é exibido na página com sua respectiva descrição).

O próximo passo é uma configuração que, embora seja opcional, pode ser muito relevante do ponto de vista didático do curso. O *acesso restrito* é uma área composta de quatro tipos de restrições independentes, conforme se vê na Figura 5.8.

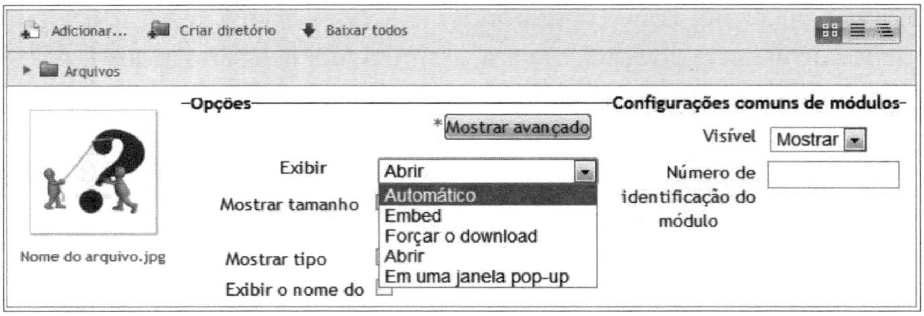

Figura 5.7 – Exibição.

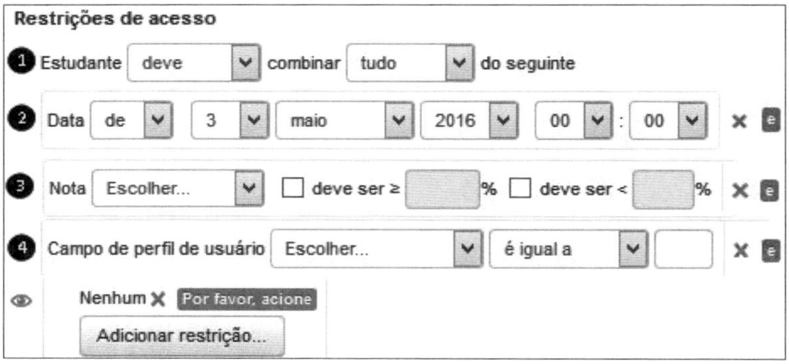

Figura 5.8 – Acesso restrito.

❶ **Tempo** – Caso seja ativado, permite que o autor determine as datas em que o recurso estará disponibilizado para acesso dos participantes, ou seja, o tempo em que permanecerá visível.

❷ **Condicionamento de notas** – Nesta opção, o autor pode fazer com que o recurso esteja disponível para acesso e realização apenas se o aluno obtiver as notas mínimas previstas em determinadas atividades.

❸ **Perfil de usuário** – Indica, a partir de campos de perfil do usuário, aqueles que terão acesso ao recurso.

❹ **Grupo de restrição** – Restringe as ações de determinados usuários em função de seus respectivos papéis no ambiente virtual.

Conforme a configuração estabelecida, serão disponibilizadas as caixinhas que aparecerão ao lado do recurso, conforme já apresentado anteriormente nas Figuras 4.5 e 4.6. Na Figura 5.9, há um exemplo de atividade inserida com acesso restrito.

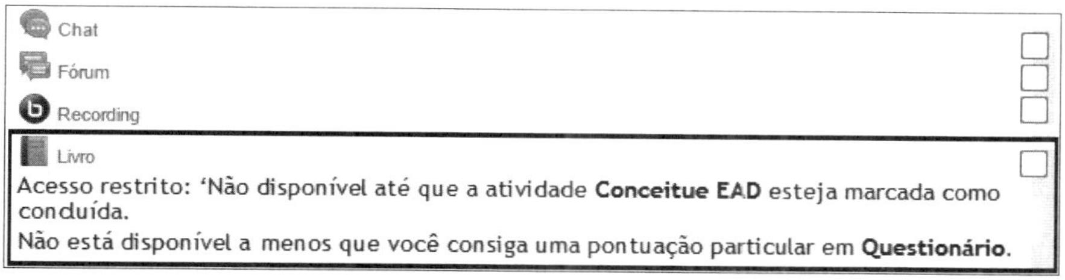

Figura 5.9 – Recurso restrito.

O último procedimento guarda uma ligação direta com o que foi apresentado em 4.2.2. Consiste na decisão sobre estabelecimento ou não de condições a serem satisfeitas para que determinado recurso obtenha o status de *recurso concluído*. Além da indicação de uma data para conclusão, é possível ainda a escolha de quatro diferentes condicionantes, conforme se vê na Figura 5.10.

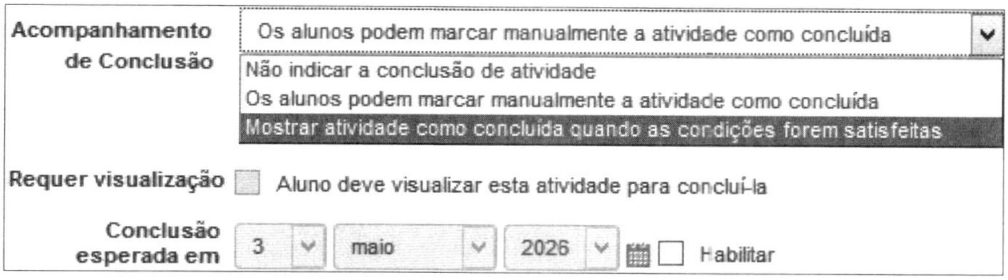

Figura 5.10 – Status de conclusão.

É muito importante observarmos que as últimas duas etapas apresentadas para a configuração de um arquivo são comuns a todos os demais recursos e atividades do Moodle.

Em relação à inserção de arquivos no Moodle, é importante ressaltar também que, além das duas formas apresentadas, há um método expresso que consiste na simples ação de selecionar o arquivo no computador e arrastá-lo diretamente para o ambiente do curso (Figura 5.11).

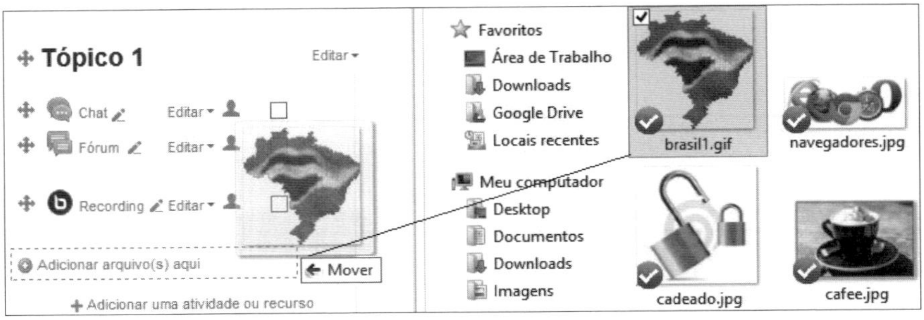

Figura 5.11 – Arrastar.

5.2.2 Pacote IMS CP

O pacote IMS CP é um recurso que permite que sejam importados e utilizados conteúdos construídos com o formato IMS CP, ou seja, de objetos de aprendizagem reutilizáveis. Na prática, o pacote IMS CP é uma alternativa semelhante ao Scorm.

Para saber mais sobre o IMS Content Package e os programas adequados à sua produção, acesse *http://www.imsglobal.org/content/packaging/*.

Vale lembrar que o Moodle ainda não tem plugins ou módulos internos para a produção de Scorm ou Pacotes IMS CP. Para suprir essa deficiência, há alguns softwares que possibilitam a produção desses padrões. O RELOAD Project e o ExeLearning são exemplos interessantes.

Para saber mais:
RELOAD Project – *www.reload.ac.uk/*
ExeLearning – *http://sourceforge.net/apps/trac/exe/wiki*

5.2.3 Livro (Book)

O recurso livro possibilita a construção de páginas interligadas. A criação da estrutura em formato de livro se deve à possibilidade de estruturação do recurso em capítulos e eventuais subdivisões (Figura 5.12), contando ainda com a possibilidade de importar conteúdos em HTML produzidos a partir de outros softwares como, por exemplo, Bloco de Notas, Front Page ou Dreamweaver. Tais fatores, aliados à possibilidade de numerar os capítulos, desabilitar impressão (impedir que o aluno imprima o conteúdo) e personalizar os títulos, revestem esse recurso de versatilidade e importância.

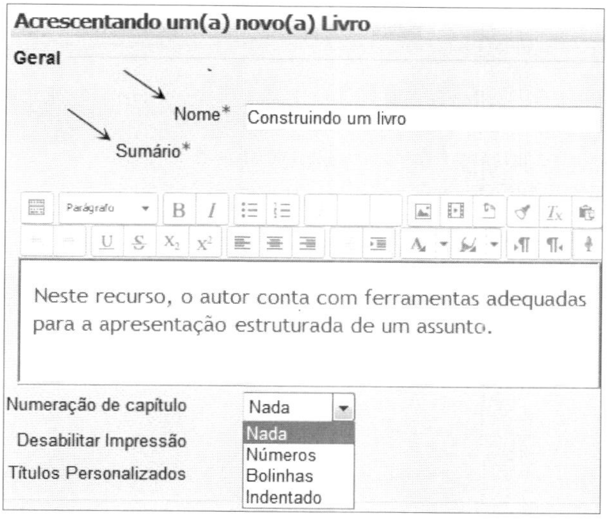

Figura 5.12 – Edição de livro.

5.2.3.1 Oportunidades para o uso do livro

O livro é um dos recursos mais importantes do Moodle. Além de ser prático e de ter fácil configuração, permite que os usuários possam imprimir todo o conteúdo ou somente o que for de seu interesse. Além disso, permite que o conteúdo seja exportado em formato IMS Content Package, o que, na prática, faz do recurso uma interessante solução para a criação e a disponibilização de conteúdos por dois motivos: dispensa o uso de programas externos ao Moodle para a construção dos cursos e permite a exportação e a reutilização dos conteúdos em outros cursos ou AVA (Figura 5.13).

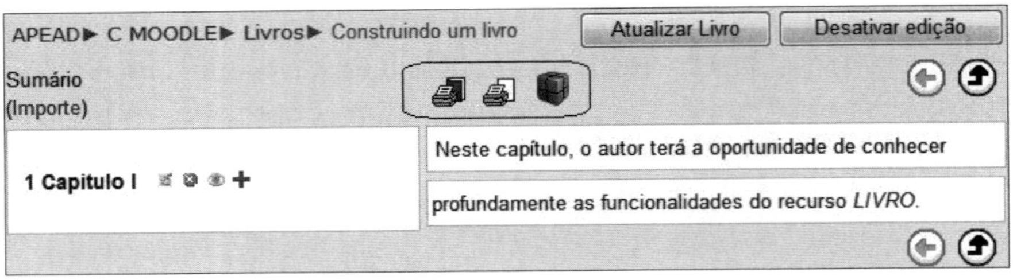

Figura 5.13 – Ícones para impressão e exportação do livro.

Muitos cursos têm sido construídos com o uso de programas do pacote Office (Word, Excel, PowerPoint) e de arquivos em formato PDF. No entanto esse é um aspecto que deve ser considerado, uma vez que, além de obrigar os usuários a fazer uso desses softwares proprietários, esses programas tendem a, no futuro, trazer problemas quando se desejar fazer ajustes ou reaproveitar conteúdos do curso. O uso do padrão Scorm e do IMS Content Package é fundamental nessa questão.

5.2.4 Página

O recurso página é uma versão simplificada do livro, uma vez que permite a criação apenas de uma página web. Mesmo assim, as possibilidades oferecidas são incontáveis, dependendo apenas da criatividade de quem fizer sua configuração.

A semelhança dos ícones de edição com os empregados no Word facilita seu uso. A Figura 5.14 representa o menu de formatação do recurso.

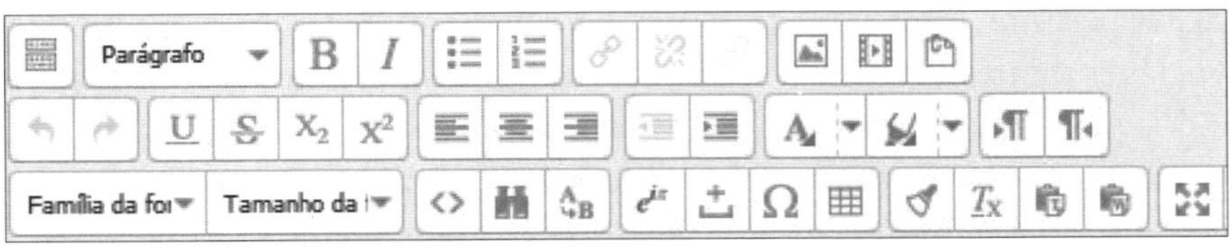

Figura 5.14 – Menu de formatação e inserção.

A Tabela 5.1 traz as funcionalidades gerais dos principais ícones.

Tabela 5.1 – Ícones de edição do recurso página

	Destina-se a regular o alinhamento, o posicionamento e a direção de textos ou figuras.
	Permite aumentar ou diminuir a distância do texto em relação à margem.
	Fornece numeração ou marcadores automáticos.
	Elementos para navegação, busca, troca e inserção de caracteres e adereços especiais.
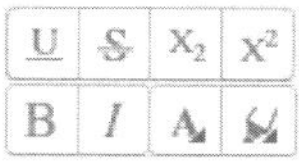	Para edição de fontes e fundo.
	Inserção de tabelas.
	Inserção de códigos e elementos HTML.

A compreensão do significado desses ícones é importante, pois eles são usados também em outros recursos e atividades do Moodle.

5.2.4.1 Oportunidades para uso da Página

A **página** é ideal para diversas finalidades. Além de possibilitar a construção de páginas de textos, permite criação e disponibilização de avisos, ementas, cronogramas, quadro de horários, videotecas, álbum de fotos, apresentação do tutor e da estrutura do curso, lista de endereços da web, contatos da turma, página de downloads, entre outras possibilidades. O recurso é facilmente personalizável e segue os mesmos princípios adotados para a edição de blocos HTML. A grande diferença está no uso. Enquanto o HTML costuma ser utilizado para a apresentação de conteúdos individuais, a página web tem o coletivo como vocação.

Entre as oportunidades de uso da página web, a criação de álbuns de fotos e de videotecas merece destaque pelo valor que pode acrescentar a um curso.

5.2.4.2 Álbum de fotos por compartilhamento

1. Há duas boas opções para a criação de álbuns de fotos: Flickr (*www.flickr.com*) e Picasa (*www.picasa.com*). Escolha um dos serviços e crie seu álbum. Quando estiver pronto, o endereço que aparece no navegador deverá ser copiado e, então, colado na página web.

2. Para que a página criada tenha uma aparência mais agradável esteticamente, o ideal é que, no texto inserido na página web, seja escolhida uma palavra ou expressão-chave que, quando acionada, possibilite a abertura do álbum criado. Para isso, deve-se clicar no ícone em formato de corrente no painel de configuração e colar o link do álbum no espaço da URL (Figura 5.15).

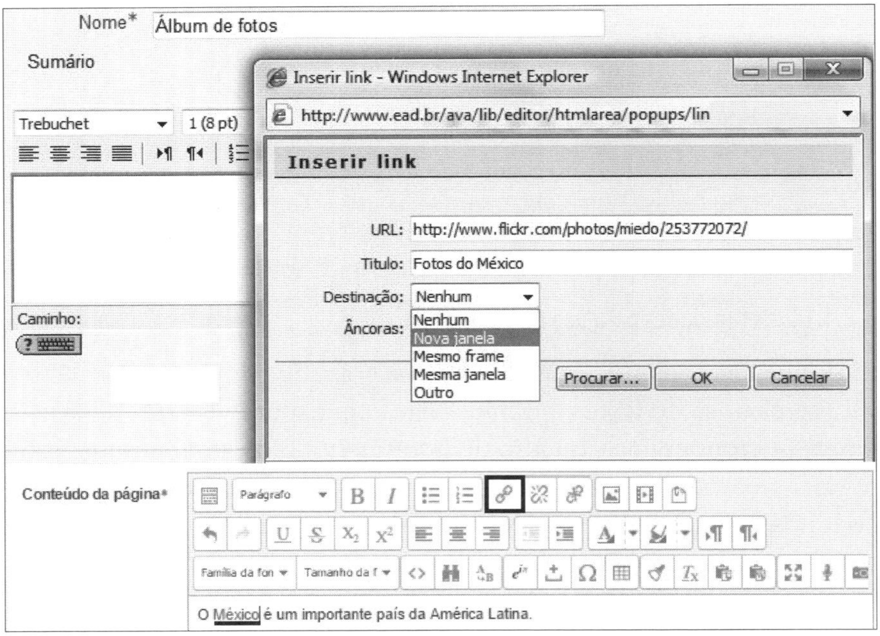

Figura 5.15 – Álbum compartilhado.

A opção de trazer fotos por meio do compartilhamento via links é interessante, uma vez que as fotos não precisarão ser carregadas para o servidor do AVA. No entanto cabe lembrar que os participantes deverão se cadastrar nesses portais para ter acesso aos álbuns de fotos.

5.2.4.3 Álbum de fotos a partir do carregamento de arquivos para o servidor do AVA

Para que as fotos fiquem organizadas quando se opta por essa forma de criação de um álbum, a melhor opção é colocar as imagens em uma tabela.

Exemplo: construção de uma página web para servir como álbum de fotografia utilizando uma tabela com três colunas e duas linhas (Figura 5.16).

Observa-se que a criação do álbum foi feita com apenas dois procedimentos:

- Inserção de uma tabela.
- Clicando-se em cada célula da tabela e inserindo as figuras.

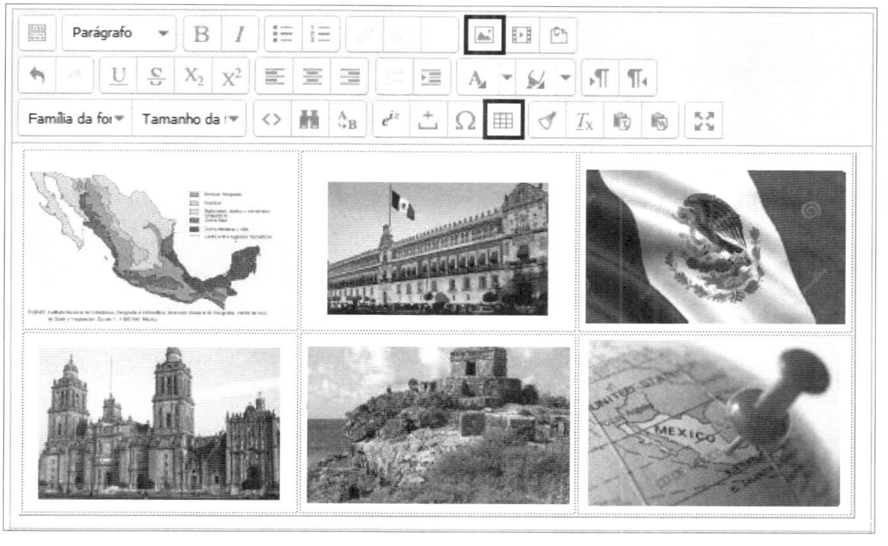

Figura 5.16 – Álbum interno.

5.2.4.4 Criação de videotecas

Se houver muitos vídeos para ser inseridos no curso, o uso de HTML nas áreas laterais não será uma boa alternativa. Nesse caso, a melhor opção é organizar os vídeos reunindo-os em um único local (Figura 5.17). Para essa ação, existem duas opções interessantes.

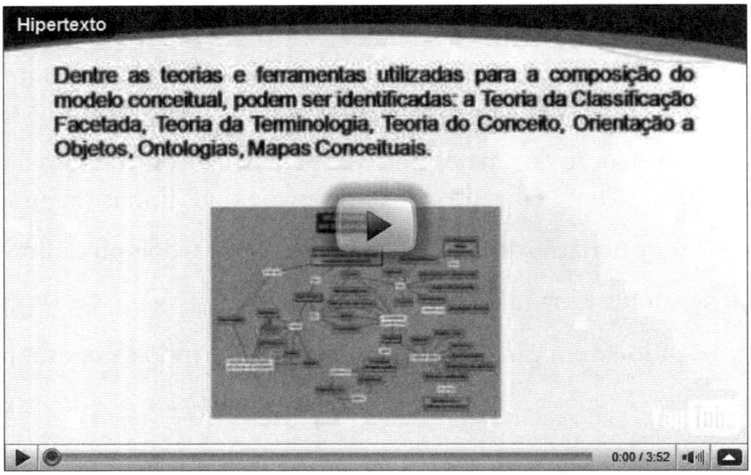

Figura 5.17 – Criação de videoteca.

- Videotecas com uso de tabelas e edição em HTML – os procedimentos são idênticos aos adotados para a configuração de blocos HTML. A diferença está na necessidade de, primeiro, inserir uma tabela. Feita a inserção, basta que seja acionado o modo de edição (HTML) e, em cada célula (`<td> </td>`), seja colado o código de compartilhamento do vídeo, ou seja, `<td>` cole o código capturado `</td>`.
- A segunda opção é seguir os mesmos passos descritos para o HTML, em que a inserção de vídeos é feita por meio do carregamento dos arquivos no AVA.

5.2.5 Pasta

O recurso **pasta** (Figura 5.18) se destina a reunir e organizar arquivos enviados ao curso, evitando-se que a área principal de trabalho fique poluída. Permite ainda que outras subpastas sejam criadas, o que possibilita múltiplas opções.

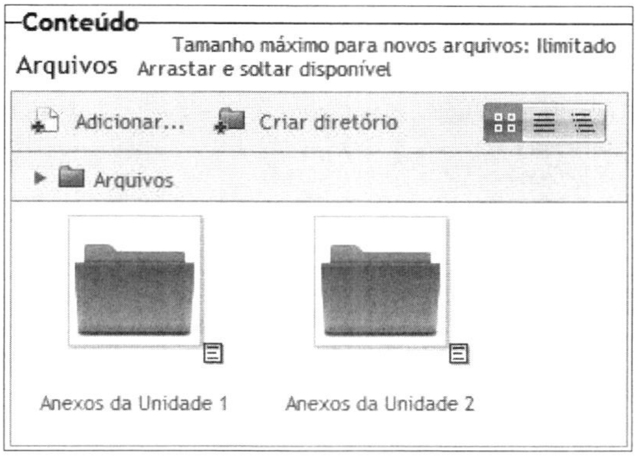

Figura 5.18 – Configuração da pasta.

5.2.6 Rótulo

Esse recurso é um dos mais interessantes do Moodle. A ele podem ser atribuídas todas as propriedades do recurso HTML. A grande diferença está no fato de o HTML ser um bloco e se inserir nas laterais do curso, enquanto o rótulo compõe a área principal.

Na versão 2, o rótulo manteve suas funcionalidades básicas ao mesmo tempo que ampliou suas possibilidades. Além de seu formato mais simples, como uma etiqueta, por exemplo, pode ser configurado com a incorporação direta de diferentes mídias (sons, imagens, filmes e animações) por meio do *File Picker*. Portanto muitos dos recursos que antes só poderiam ser incorporados por códigos de compartilhamento agora podem ser inseridos diretamente na página principal ou nos cursos.

Imagine que um tutor queira inserir um vídeo do YouTube no curso. Ao clicar no botão de inserção de mídias, o *File Picker* abriria a caixa de opções para a busca de vídeos naquele serviço por intermédio de uma palavra-chave (Figura 5.19).

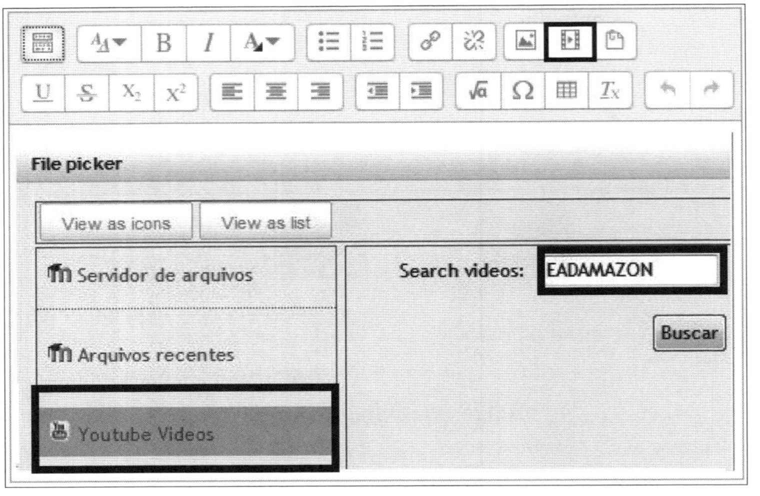

Figura 5.19 – Inserção de mídias.

Quando encontrado e selecionado, automaticamente, o sistema abrirá a janela para inserção dos detalhes referentes ao vídeo a ser inserido (Figura 5.20), operação semelhante a qualquer outro tipo de mídia.

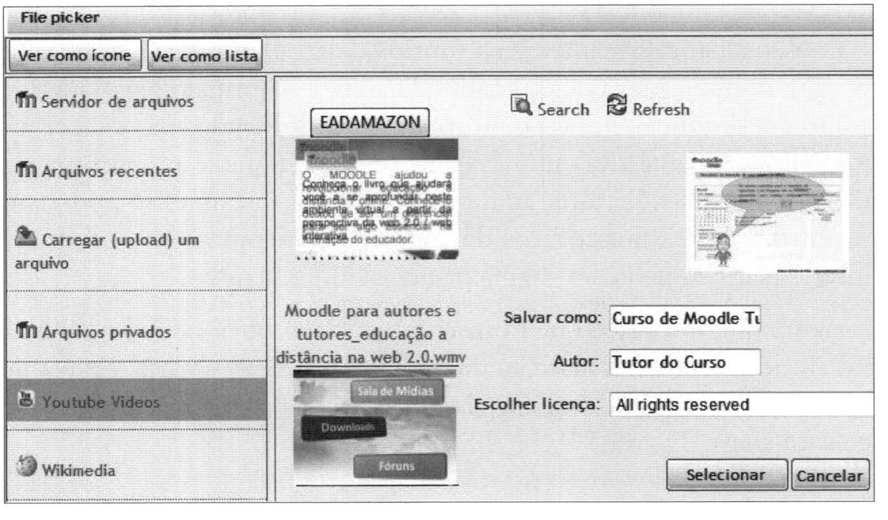

Figura 5.20 – Detalhamento da inserção.

5.2.7 URL

Da mesma forma que a disponibilização de arquivos, a indicação de endereços na internet deve ser utilizada a partir de um planejamento adequado. O excesso de links nas páginas do curso pode trazer prejuízos e desviar o participante dos objetivos que se deseja alcançar. Nesses casos, o ideal é criar uma página e nela inserir todos os endereços de interesse. Por fim, cabe lembrar ainda que a melhor opção quando se deseja que um participante visite um endereço na web é o uso de uma nova janela. No entanto, caso se queira utilizar a opção *embed*, por exemplo, o site aparecerá embutido diretamente no AVA conforme mostra a Figura 5.21.

Figura 5.21 – URL em perspectiva embed.

5.2.8 RecordingsBN

O RecordingsBN (Figura 5.22) é um recurso que trabalha de forma integrada com a atividade BigBlueButton para a realização de web conferências com voz, imagens via webcam e chat. O sistema suporta o compartilhamento, em tempo real, de slides, telas do desktop, arquivos, áudios, vídeos. Além disso, grava e disponibiliza para visualização posterior todas as sessões realizadas por seu intermédio.

Figura 5.22 – RecordingsBN e BigBlueButton.

Na Tabela 5.2, estão identificadas as ferramentas que mais se destacam no recurso.

Tabela 5.2 – Ícones de edição do curso

Ícone	Descrição
	Compartilhamento de tela
	Habilitar/desabilitar microfone
	Habilitar/desabilitar webcam
	Iniciar/encerrar gravação
	Silenciar microfone
	Levantar a mão
	Ajustes e silenciar participantes
	Carregar apresentação
	Caixa de ferramentas
	Caixa de chat (bate-papo)

O recurso RecordingsBN trabalha de forma integrada com a atividade BigBlueButton. Na prática, no entanto, o primeiro é mais utilizado, uma vez que, por meio dele, efetiva-se agendamento, execução, gravação e disponibilização das interações online.

CAPÍTULO 6
Atividades do Moodle

O menu de **atividades** (Figura 6.1) é o grande dinamizador da aprendizagem no Moodle, uma vez que, por meio dele, é possível a disponibilização de importantes funcionalidades para interatividade e interação. A cada atualização do software, novidades e melhorias significativas têm sido incorporadas.

Figura 6.1 – Menu de atividades.

6.1 Funcionalidades

As atividades listadas a seguir são consideras de uso mais comum em virtude de, em sua grande maioria, já virem incorporadas ao pacote de instalação do software.

- **Base de dados** – Permite a criação e a busca de bancos e bases de dados sobre qualquer tópico. A estrutura dos itens permite a inclusão de imagens, arquivos, números, links e textos. Conhecimentos sobre programas como Microsoft Access ou Filemaker podem ser muito úteis.
- **Chat** – Também conhecido como bate-papo, o chat é uma atividade que permite a interação online e simultânea (síncrona) entre os participantes de um curso.

- **Escolha** – Bastante simples, tem por objetivo permitir a criação de um pequeno formulário com perguntas e respostas.
- **Fórum** – O fórum permite a criação de ferramentas de discussão, incluindo a possibilidade de classificar as mensagens.
- **Glossário** – Destina-se à criação de dicionários de termos relacionados ao conteúdo trabalhado no curso. A versatilidade da atividade inclui a possibilidade de inserção de imagens, arquivos e links.
- **Ferramenta externa** – Viabiliza a utilização de atividades e recursos hospedados em outros endereços da web. Para funcionar, necessita de suporte do tipo LTI (*Learning Tools Interoperability*).
- **Lição** – Trata-se de uma atividade interessante, em que perguntas e respostas são intercaladas com apresentações e arquivos de diferentes formatos.
- **Pesquisa de avaliação** – Permite a consulta sobre determinado assunto e a realização de pesquisas rápidas junto a todos os participantes do curso.
- **Questionário** – Viabiliza uma grande variedade de tipos de exercícios e avaliações online. Permite a criação de questões objetivas e dissertativas, além de fornecer feedback sobre erros e acertos.
- **Scorm/AICC** – É um conjunto de padrões que permite a criação de objetos de aprendizagem, ou seja, conteúdos que são aceitos em diferentes tipos de ambientes virtuais de aprendizagem. A possibilidade de reutilização dos objetos criados e de rastreamento das ações dos participantes (número de acessos e pontuação obtida em testes realizados) é sua principal característica.
- **Tarefa** – Essa atividade permite a realização de tarefas diretamente no AVA (texto online) ou por meio do envio de arquivos. As diferentes possibilidades de configuração da atividade fazem com que ela seja uma das mais utilizadas na estruturação de cursos.
- **Wiki** – Possibilita que vários participantes construam coletivamente um hiperdocumento. Trata-se de uma atividade democrática e muito interessante nas atividades em grupo. Seu funcionamento se assemelha ao serviço disponibilizado na Wikipédia (*www.wikipedia.org*).

6.2 Aspectos importantes

Cada atividade tem peculiaridades para sua configuração. Conhecer esses aspectos é fundamental para que o máximo aproveitamento possa ser obtido.

6.2.1 Base de dados

A Base de dados, também chamada de Banco de dados, é uma atividade de concepção simples, mas de estruturação complexa e demorada. Deve-se fazer um estudo adequado de cada situação para verificar se sua utilização será compensadora. Há poucos itens iniciais para a configuração do Banco de Dados (BD), sendo itens obrigatórios apenas o nome e o texto de introdução (Figura 6.2). Pode incluir arquivos, imagens, textos e endereços web.

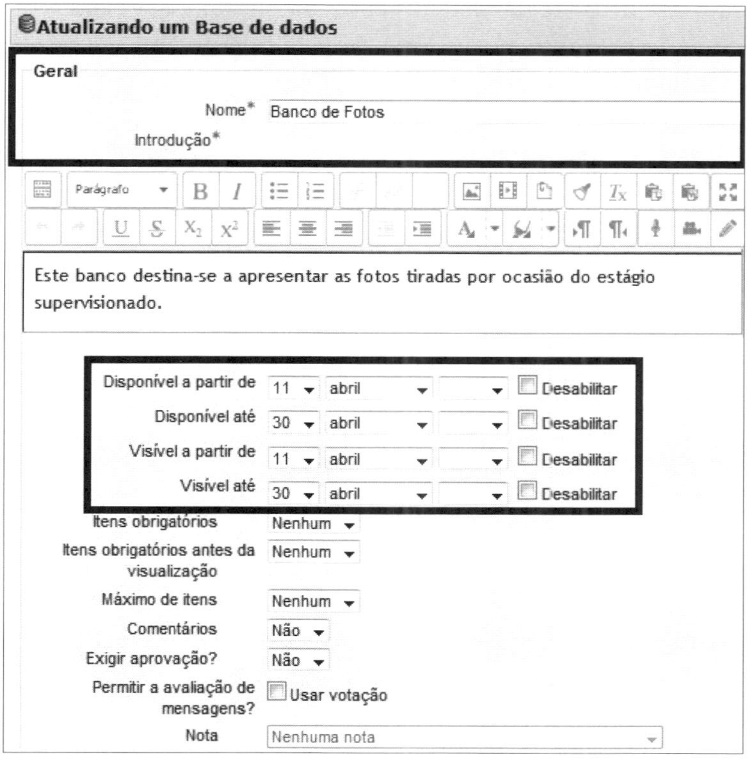

Figura 6.2 – Atualização de um banco de dados.

Depois de preenchidos os campos obrigatórios e, se for o caso, após as datas e os períodos em que a atividade ficará disponível ser habilitados, deve-se clicar em **Salvar e mostrar**, conforme podemos ver na Figura 6.3.

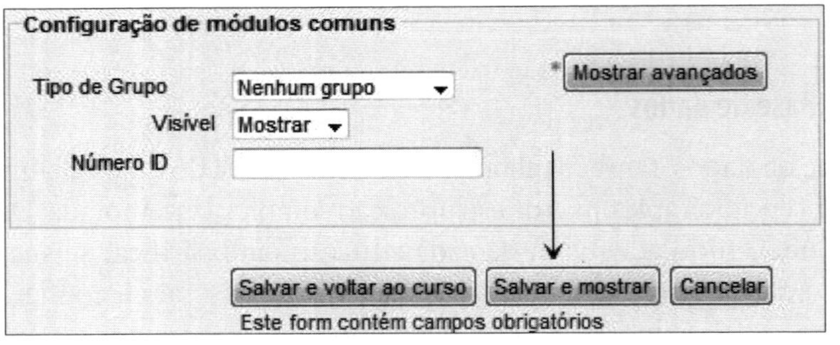

Figura 6.3 – Como salvar dados.

Após as configurações serem salvas, será disponibilizada uma nova tela (Figura 6.4), que, por sua vez, contém o menu de opções **Criar novo campo**. É um item importante, pois é a partir dele que poderá ser escolhido o banco de dados que se deseja construir.

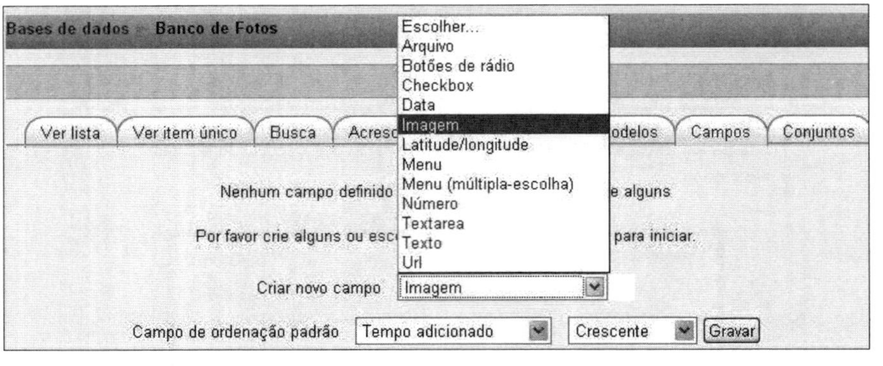

Figura 6.4 – Tela de configuração.

Como exemplo, escolheu-se um banco de dados de imagens. Dessa forma, uma tela de configuração com itens que devem ser preenchidos (Figura 6.5) será exibida.

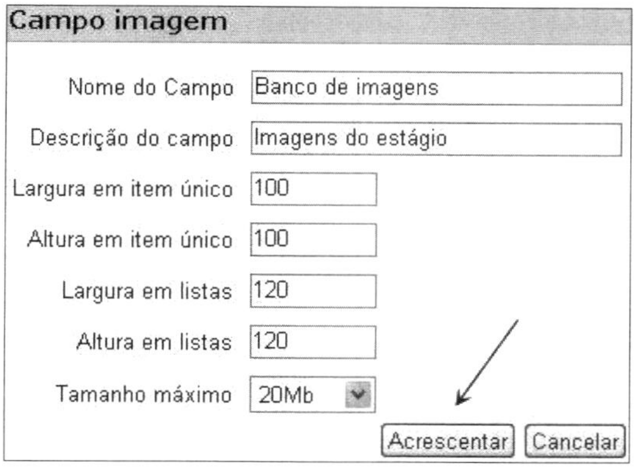

Figura 6.5 – Banco de dados de imagem.

Preenchidos os campos, deve-se escolher a opção **Modelos**, conforme podemos ver na Figura 6.6, e, então, **Gravar modelo**. No exemplo, foi escolhida a opção **Modelo** item único.

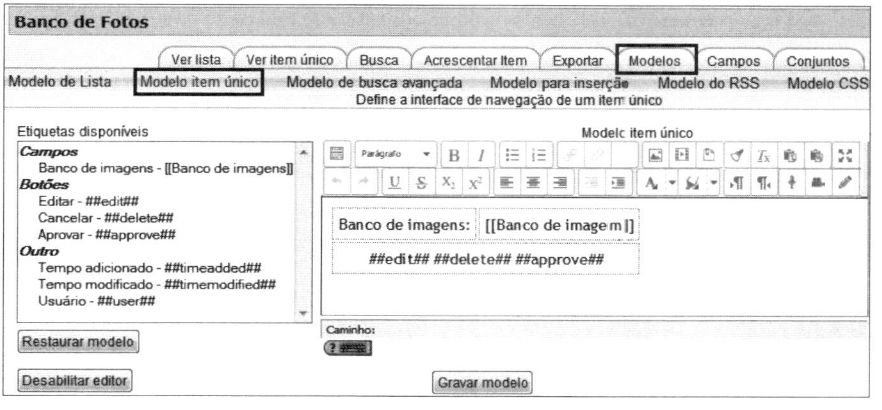

Figura 6.6 – Tipos de modelo.

Este é o momento de inserir as imagens. Assim, deve-se clicar na opção **Acrescentar item** (Figura 6.7) e postar as imagens armazenadas no computador ou nos discos externos.

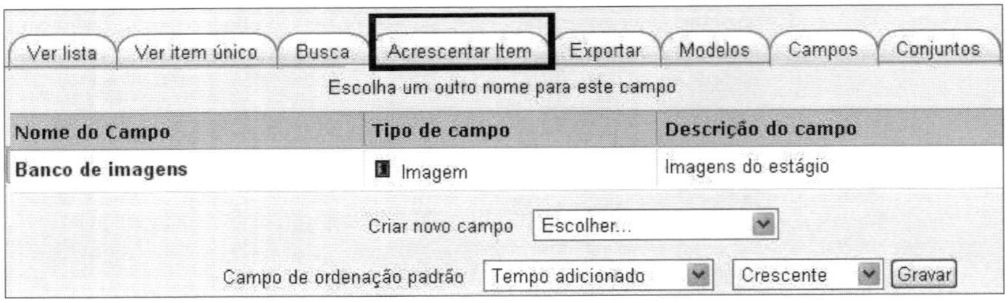

Figura 6.7 – Adição de item.

Para acrescentar outra imagem, deve-se clicar em **Gravar e acrescentar outro**. Quando o banco estiver completo, os procedimentos podem ser encerrados clicando-se em **Gravar e mostrar** (Figura 6.8).

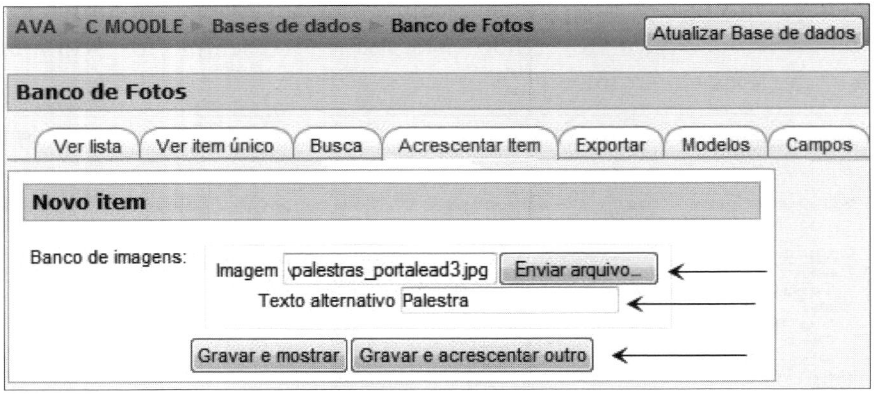

Figura 6.8 – Gravação do banco de dados.

6.2.2 Chat

O *Chat* (Figura 6.9), também conhecido como "*sala de bate-papo*", viabiliza o contato síncrono, simultâneo e em tempo real entre os participantes de um curso ou uma atividade. Trata-se de um excelente canal para troca de informações, compartilhamento de ideias e esclarecimento de dúvidas, entre outras possibilidades. Cabe ressaltar que o Moodle possibilita apenas a troca de textos, por isso, programas como Skype e MSN são considerados importantes para superar essa limitação.

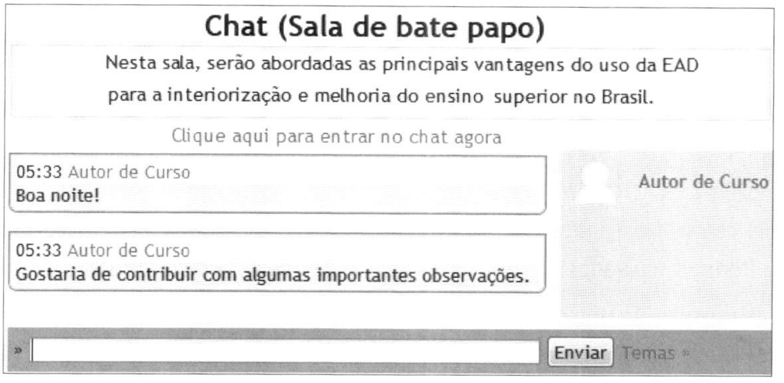

Figura 6.9 – Chat.

O nome da sala de chat deve ser interessante (Figura 6.10) e chamar atenção para seu objetivo. Além disso, a introdução colabora bastante, pois se trata de um espaço no qual deve ser explicitada a temática ou os assuntos que serão debatidos.

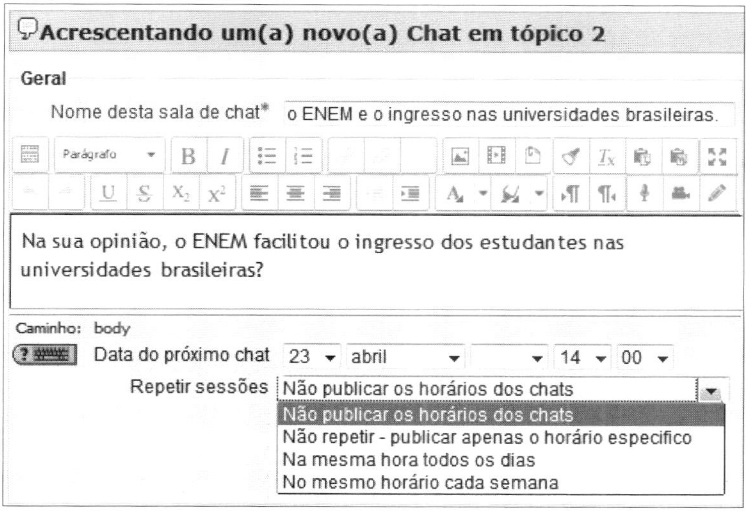

Figura 6.10 – Configuração do chat.

Depois de marcar a data e o horário para começar a atividade, deve-se decidir se as sessões se repetirão, ou seja, se a cada determinado período de tempo aquele mesmo chat/sala será novamente utilizado. Na prática, essa medida permite que os participantes possam se programar com a devida antecedência para participar.

No espaço de Sessões encerradas (Figura 6.11) decide-se por quanto tempo as discussões ficarão disponíveis para o acesso dos participantes, inclusive para aqueles que não tenham participado.

O Chat é um recurso importante e pode ser utilizado de forma ampla ou apenas por grupos predeterminados. A opção por "**nenhum grupo**" indica que todos os participantes poderão participar simultaneamente. Na opção "**grupos separados**", a discussão se estabelece entre grupos distintos, de modo que somente seus integrantes podem participar e visualizar as discussões. Por sua vez, a opção "**grupos visíveis**" também trabalha com grupos distintos: a diferença é que um grupo vê a discussão do outro, mas não tem permissão de participar.

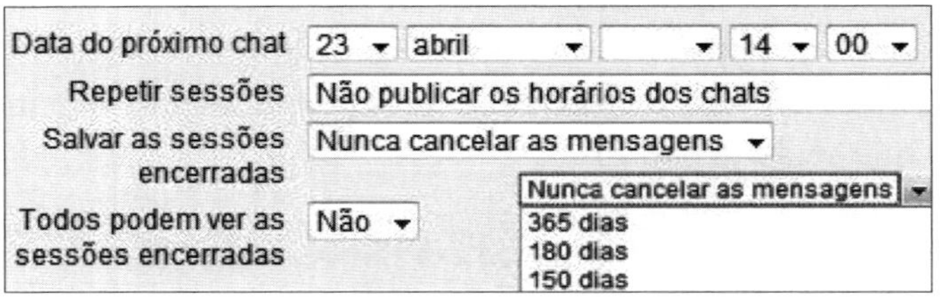

Figura 6.11 – Sessões encerradas.

Os demais itens possibilitam uma especificação ainda maior:

- **Agrupamento** – É uma opção de configuração avançada e deve ser marcada somente quando o autor optar por uma discussão por grupos separados.
- **Disponíveis apenas para os participantes do grupo** – É uma opção de configuração avançada que permite a participação de todos os integrantes de todos os grupos.
- **Visível** – O autor mantém a opção **mostrar** se a atividade puder ser imediatamente disponibilizada para os participantes; caso contrário, deve-se assinalar a opção **ocultar**.
- **Categoria das notas** – Já está configurado na opção não classificados.

Depois de configurar todos os espaços, basta clicar em **Salvar e voltar ao curso**, como mostra a Figura 6.12.

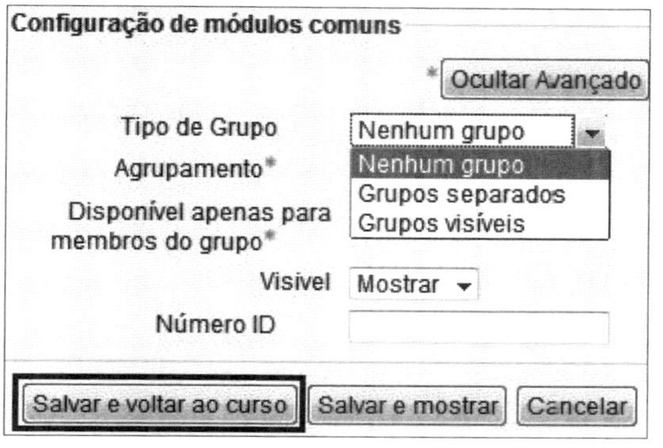

Figura 6.12 – Como salvar o chat.

Apesar de ser uma atividade que permite uma comunicação rápida, alguns cuidados devem ser tomados para garantir eficácia em sua utilização. Assim, as sessões devem, preferencialmente, ser realizadas com pequenos grupos, facilitando a participação de todos. Além disso, a ampla divulgação dos temas que serão abordados e a solicitação de leituras prévias são fundamentais para que se obtenha o máximo aproveitamento possível.

A opção por trazer fotos por meio do compartilhamento via links é interessante, uma vez que as fotos não precisarão ser carregadas para o servidor do AVA. No entanto cabe lembrar que os participantes deverão se cadastrar nesses portais para ter acesso aos álbuns de fotos. O software OpenMeeting, apesar de ainda não ter sido integrado ao Moodle, é uma alternativa de chat também bastante interessante: *http://code.google.com/p/openmeetings/*.

6.2.3 Escolha

A Escolha é uma atividade que permite a criação de um formulário com uma pergunta e opções de respostas. A opção **Escolha** do menu **Atividades** apresentará a tela mostrada na Figura 6.13.

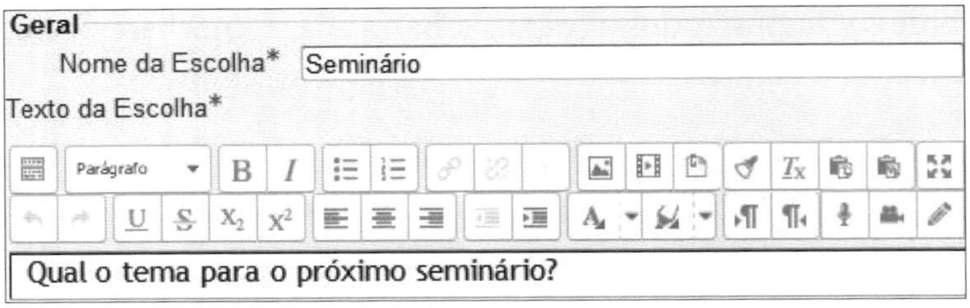

Figura 6.13 – Opção Escolha.

Depois de preencher os campos obrigatórios, surgirão campos denominados **Escolha**. Nesses itens, devem ser definidas as possíveis respostas à pergunta. O Moodle oferece cinco opções inicialmente, mas outras poderão ser acrescentadas, bastando clicar no botão **Acrescentar três campos** e utilizar os que forem necessários. Confira o processo na Figura 6.14.

Abaixo de cada campo **Escolha**, há a opção **Limitar**. Nesse campo é possível ativar e estipular um valor para cada campo utilizado. Esses valores definirão a quantidade de votos que aquela opção (Escolha) poderá receber. Depois de atingir o valor estipulado, essa opção tornará o campo indisponível para os demais membros do curso. Após cumprir essa etapa (Figura 6.15), a data para que os alunos possam dar sua opinião deve ser estabelecida e, em seguida, deve-se clicar em **Salvar e mostrar**.

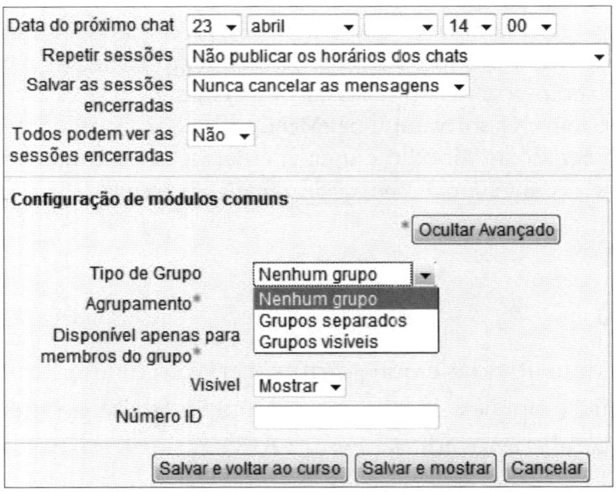

Figura 6.14 – Campos de preenchimento.

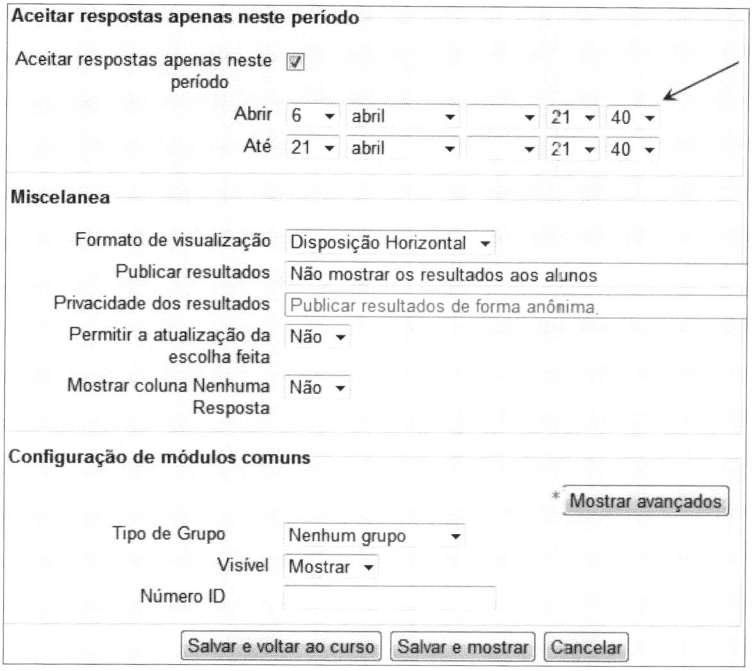

Figura 6.15 – Salvar.

A Figura 6.16 representa a forma como a atividade será mostrada aos participantes.

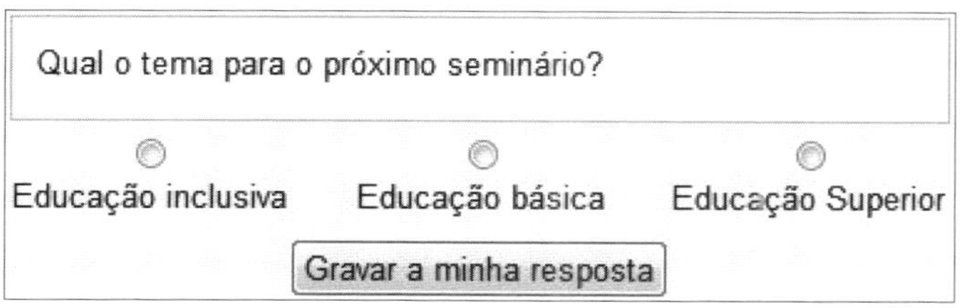

Figura 6.16 – Visualização da escolha.

6.2.4 Fórum

O fórum é uma ferramenta para debates e realização de trabalhos coletivos. Trata-se de uma atividade de interação assíncrona de muito valor que, além de permitir o acompanhamento via email, também possibilita o envio de anexos. Seguem-se estes tipos:

- **Fórum geral** – Cada participante pode iniciar quantos tópicos quiser.
- **Cada usuário inicia um único tópico** – É proposta uma temática, e cada participante pode iniciar um novo tópico, aprofundando, assim, a discussão. Isso também permite a participação em um tópico iniciado por outro participante.
- **Fórum perguntas e respostas** – Cada participante inicia um tópico com uma pergunta e todos respondem às perguntas dos demais.
- **Uma única discussão simples** – Aqui ocorre a centralização de todos os participantes em uma única discussão. Assim, eles não podem criar novos tópicos. Uma vantagem desse tipo de fórum é que todas as discussões são concentradas e podem ser visualizadas em uma única página, facilitando a interação entre os participantes.
- **Fórum-padrão exibido em um formato de blog** – As mensagens postadas são disponibilizadas na forma de um blog que reúne todas as participações.

Configuração do fórum (Figura 6.17):

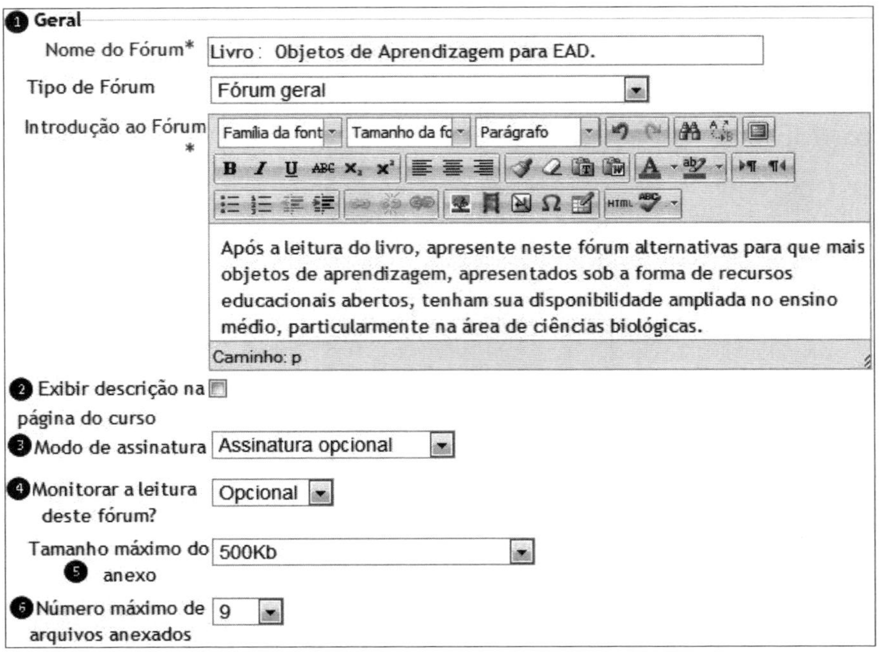

Figura 6.17 – Fórum.

❶ **Espaço geral** – O autor deve preencher o espaço do nome do fórum e, em seguida, escolher o tipo de fórum. Na introdução, deve-se colocar a temática a ser discutida.

❷ **Exibir descrição na página do curso** – Esta é uma opção comum a todos os recursos e às atividades do Moodle. A marcação da caixa indica que o texto inserido na descrição será apresentado assim que o aluno clicar sobre a atividade.

❸ **Modo de assinatura** – A escolha implicará na obrigatoriedade ou não de o aluno participar da atividade.

❹ **Monitorar a leitura do fórum** – A opção permite que o participante tenha a liberdade de monitorar as participações dos colegas. Com ela, sempre que houver uma mensagem nova, será exibida a informação de que há mensagens ainda não lidas.

❺ **Tamanho máximo do anexo** – Especifica o tamanho máximo dos arquivos que poderão ser enviados como anexos.

❻ **Número máximo de arquivos anexados** – Indica quantos arquivos um participante poderá enviar por mensagem.

Há ainda outras opções que podem ser dimensionadas (Figura 6.18).

❼ **Limite de mensagens para bloqueio** – Neste espaço, podem ser limitados o tempo, conforme apresentado na Figura 6.18, e a quantidade de mensagens que o participante poderá colocar no fórum.

❽ **Avaliações** – O autor escolhe a forma como o fórum será avaliado, incluindo-se a possibilidade de indicar o período, com dia e hora, em que a atividade estará aberta para as postagens que serão avaliadas.

❾ **Configurações comuns de módulos** – Serve para indicar se a atividade terá as postagens vistas e discutidas por todos os participantes ou em grupos previamente delimitados.

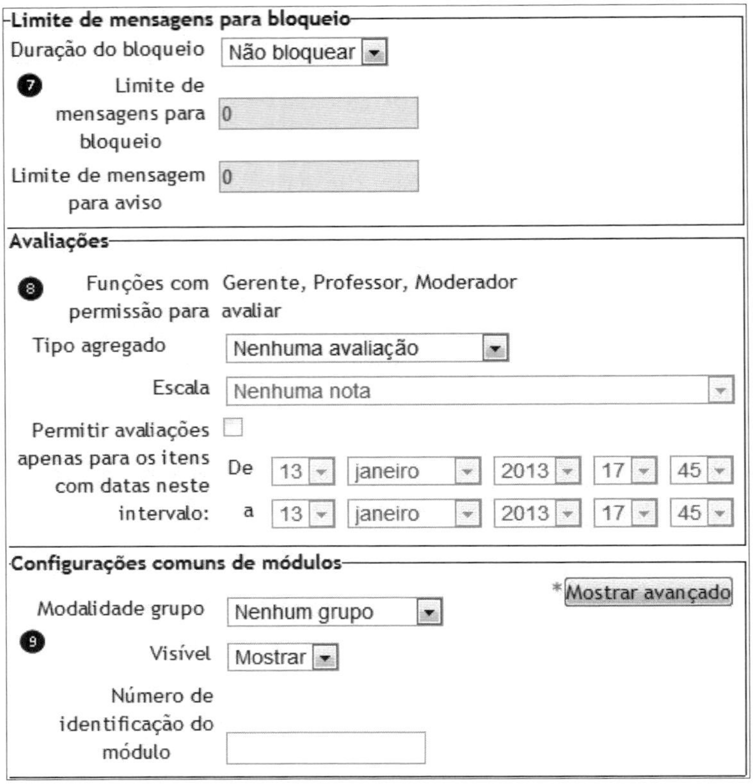

Figura 6.18 – Opções.

As opções para restrição de acesso ao fórum seguem o mesmo padrão de outros recursos e outras atividades. No entanto há uma diferença importante com relação aos critérios de conclusão do curso, conforme se pode ver na Figura 6.19. Nela, é possível estabelecer, com detalhes, como o participante deve realizar suas ações, incluindo-se a visualização, atribuição de notas, número mínimo de mensagens postadas, réplicas e abertura de novos temas para debates.

Quando um curso é criado, o Moodle automaticamente estabelece um fórum de notícias. Trata-se de um espaço que pode ou não ser utilizado apenas para a colocação de avisos ou notícias. Assim, aos participantes cabe apenas a possibilidade de ler a mensagem colocada.

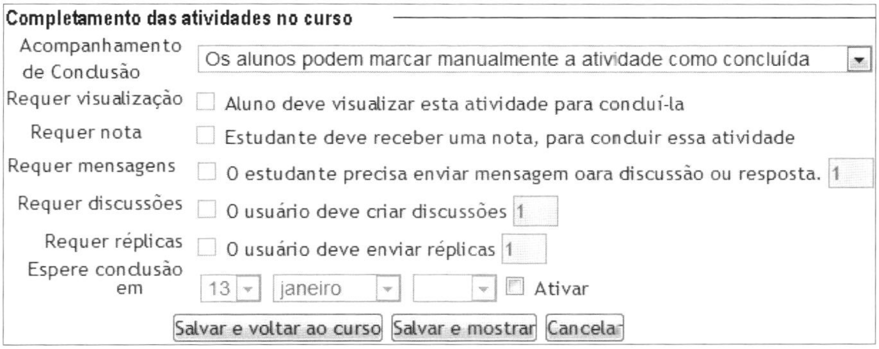

Figura 6.19 – Condições para conclusão do fórum.

Depois de inserido, caso o autor queira alterar as configurações do curso ou lhe atribuir novas atribuições, o ícone de edição (Figura 6.20) deverá ser acionado.

Figura 6.20 – Ícone de edição.

Realizada essa ação, o sistema abrirá, automaticamente, além da tela inicial de edição, uma nova caixa de configurações (Figura 6.21) para dados específicos relativos à atividade.

Figura 6.21 – Caixa de configurações.

A caixa de configurações se apresenta para todos os demais recursos e todas as atividades do Moodle sempre que o ícone de edição é acionado.

6.2.5 Glossário

Trata-se de uma atividade muito importante. Por meio dela, podem ser criadas listas de termos e expressões técnicas que interessem diretamente aos participantes. Sua configuração completa oferece muitas opções interessantes para ambos os tipos de glossário – principal e secundário. É caracterizado a partir dos campos apresentados na Figura 6.22.

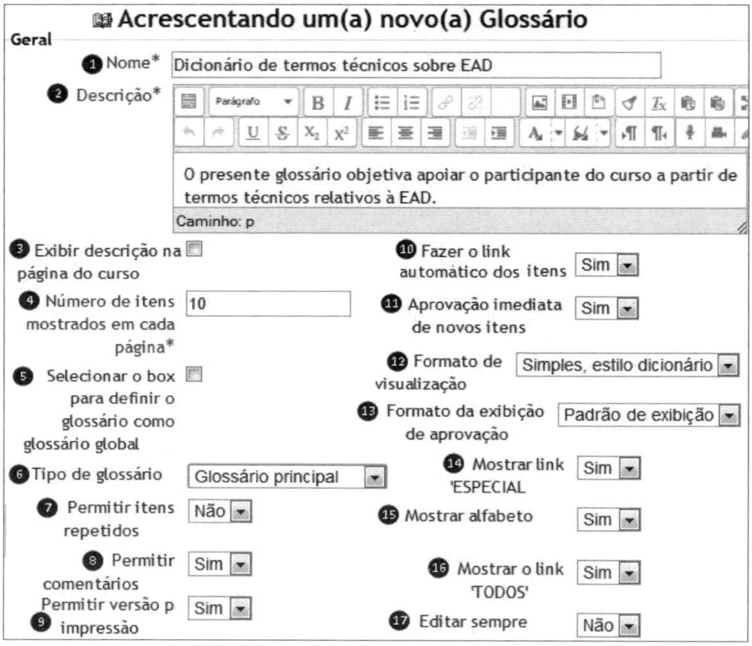

Figura 6.22 – Adição de glossário.

1. **Nome** – Neste espaço, deve-se inserir o nome do glossário, por exemplo, termos técnicos, palavras técnicas ou dicionário.

2. **Descrição** – Informa ao participante o objetivo da atividade.

3. **Exibir descrição na página do curso** – A marcação da caixa indica que o texto inserido na descrição será apresentado assim que o aluno clicar na atividade.

4. **Número de itens mostrados em cada página** – O autor escolhe quantos itens deverão ser mostrados em cada página.

❺ **Glossário global** – A marcação da caixa permitirá que o glossário seja utilizado em outros cursos.

❻ **Tipo de glossário** – O primeiro glossário de um curso sempre deve ser o principal. Os demais a ser criados, se houver necessidade, serão secundários.

❼ **Permitir itens repetidos** – O autor autoriza ou não a inserção de itens que já constam no glossário.

❽ **Permitir comentários** – Com esta opção, pode-se permitir que comentários sejam adicionados aos itens.

❾ **Permitir versão para impressão** – Ao marcar **Sim**, o autor permite que o sistema abra um formulário para impressão das palavras.

❿ **Fazer link automático de novos itens** – Ao marcar **Sim** nesta opção, o glossário criará links da palavra todas as vezes que ela aparecer em fóruns, sumários, diários e páginas de texto em formato HTML.

⓫ **Aprovação imediata de novos itens** – Marcando a opção **Sim**, as palavras inseridas pelos participantes serão imediatamente disponibilizadas para todos sem que haja necessidade de aprovação prévia pelo autor ou tutor.

⓬ **Formato de visualização** – Há vários formatos possíveis. No **Completo com autor** aparecem todos os dados sobre a fonte e a palavra: nome do participante que inseriu a palavra, sua definição, dia e hora da última atualização. No **Completo sem autor**, a diferença está no fato de o autor não aparecer. O **Contínuo** sem autor faz com que apareça a letra do alfabeto em que a palavra se encontra; em seguida, a palavra e sua definição. Em **Enciclopédia**, aparece a letra do alfabeto, a palavra, o autor, o dia e a hora e, por último, a definição da palavra. O FAQ edita as palavras no formato "**listas de perguntas e respostas**" (FAQ); em seguida, aparece o dia e a hora da última edição. Na **Lista de itens**, as palavras aparecem em formato de listas sem nenhuma definição. Quando o participante clica na palavra, surge uma nova janela com a definição. Por fim, o estilo simples de dicionário permite que as palavras apareçam junto à sua definição.

⓭ **Formato de exibição de aprovação** – Permite que, após aprovado, um item seja apresentado em formato diferente.

⓮ **Mostrar link especial** – Ao marcar **Sim**, o autor habilita o sistema para que aceite a navegação com caracteres especiais, tais como @ e #.

⓯ **Mostrar alfabeto** – Habilita ou desabilita a navegação por letras do alfabeto.

⓰ **Mostrar o link todos** – Habilita ou desabilita os itens para que sejam exibidos de uma única vez.

⓱ **Editar sempre** – Marcando a opção **Sim**, o autor permite que a atividade seja sempre editada. Por sua vez, a opção **Não** limita a edição por determinado período de tempo.

As demais áreas – Notas, Avaliações, Configurações comuns de módulos e Acesso restrito – seguem os mesmos princípios já apresentados para a atividade fórum. Com relação à área de *conclusão de atividades*, as semelhanças permanecem e a única observação se refere à pequena variação em relação às alternativas existentes (Figura 6.23).

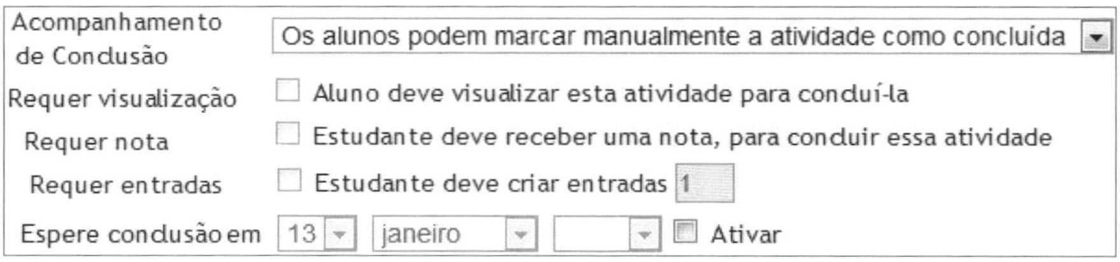

Figura 6.23 – Conclusão do glossário.

Criado o glossário, passa-se à inserção das palavras ou expressões (Figura 6.24).

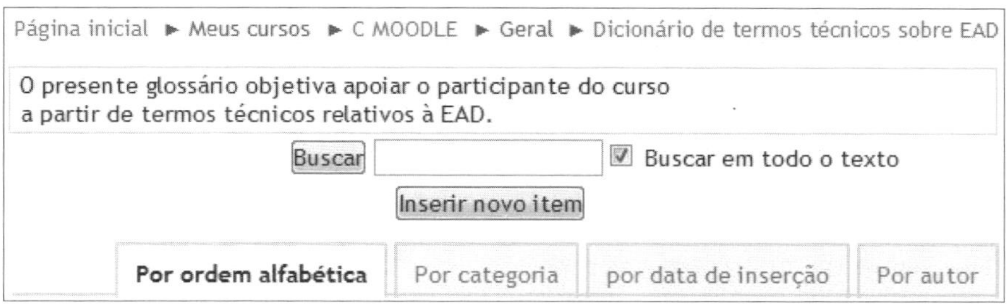

Figura 6.24 – Inserção de termos.

A Figura 6.25 traz os campos necessários à configuração dos itens, incluindo-se a possibilidade de envio de arquivos anexos para completar os termos.

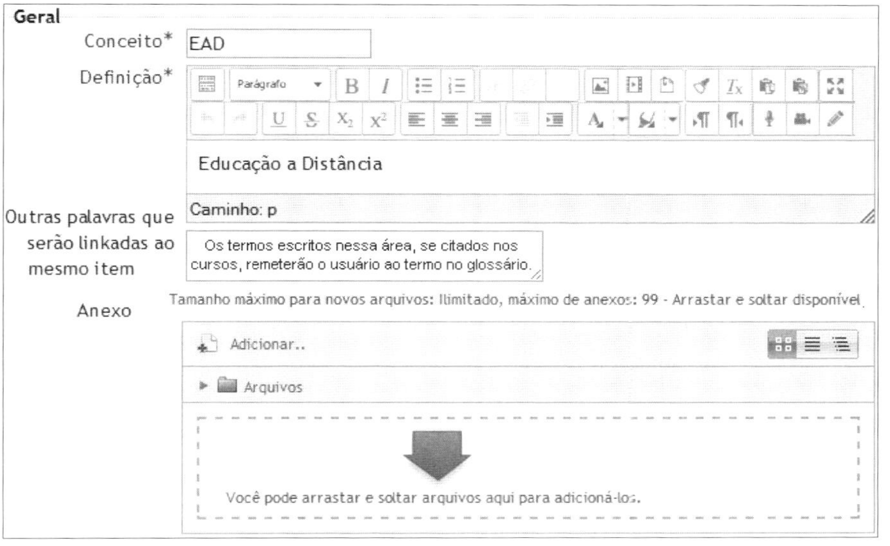

Figura 6.25 – Glossário e arquivos.

A última etapa (Figura 6.26) consiste nas escolhas opcionais referentes à criação de links automáticos para o item quando esse item for citado no curso, à possibilidade de distinguir letras maiúsculas de minúsculas e, por fim, à necessidade ou não de o termo ter link apenas se for mencionado de forma total.

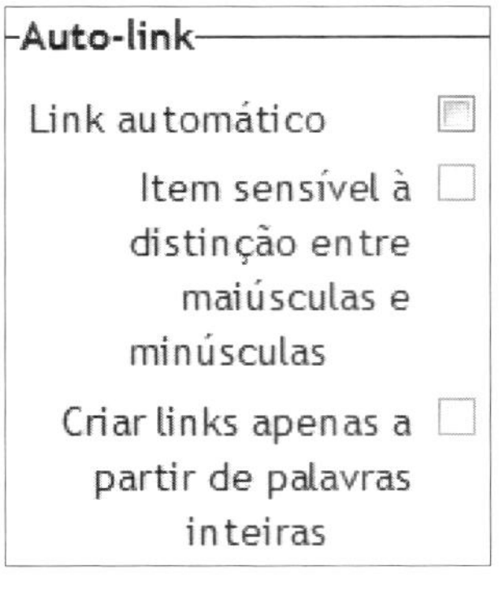

Figura 6.26 – Escolhas opcionais.

Cabe lembrar ainda que, para que a atividade possa ser aproveitada em sua plenitude, o ideal é criar uma estrutura simples que permita a colaboração de todos os participantes por meio da inserção de novos termos.

6.2.6 Ferramenta externa

A atividade se fundamenta na interligação do Moodle com elementos internos ou externos (Figura 6.27) que suportam LTI (*Learning Tools Interoperability*), o que inclui repositórios de outras instituições.

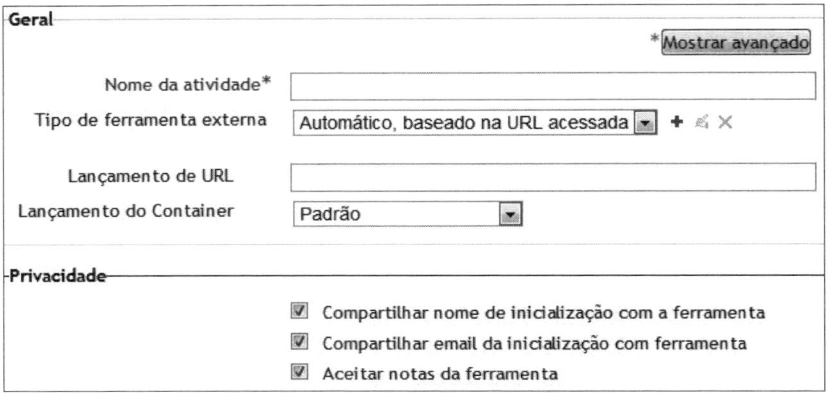

Figura 6.27 – Ferramentas externas.

O IMS Global Learning Consortium disponibiliza opções interessantes para a configuração dessa atividade. Veja mais detalhes em *http://developers.imsglobal.org/catalog.html*.

6.2.7 Lição

A Lição é uma atividade que possibilita a criação de perguntas e respostas mescladas com apresentações e arquivos de diferentes formatos. Sua configuração se inicia com a inserção do título (nome da atividade), a delimitação de tempo em que a atividade ficará disponível (opcional) e o número de páginas/seções em que a atividade será configurada (Figura 6.28).

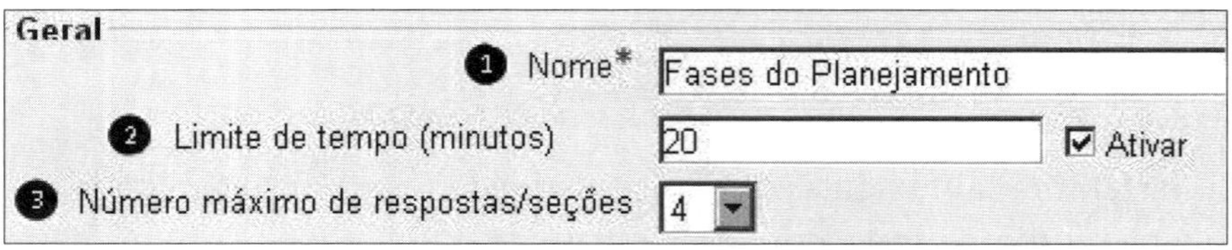

Figura 6.28 – Preenchimento da atividade/lição.

❶ **Nome** – Inserção do título (nome da atividade).

❷ **Limite de tempo** – Delimitação de tempo em que a atividade ficará disponível (opcional).

❸ **Número máximo de respostas/seções** – Número de páginas/seções em que a atividade será configurada.

A possibilidade de que a atividade seja avaliada, ou seja, de que haja atribuição de notas, é opcional, conforme se observa na Figura 6.29.

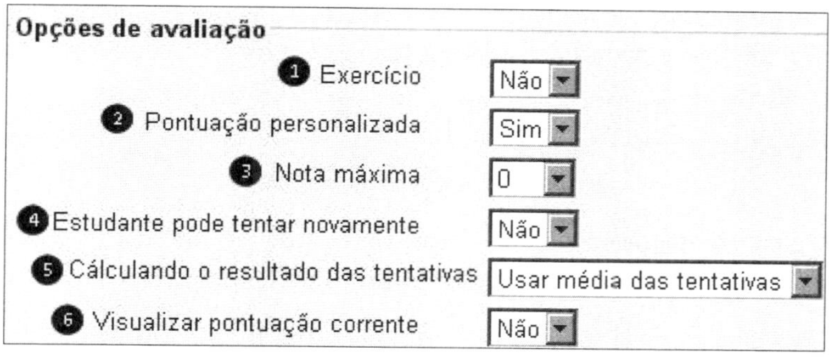

Figura 6.29 – Atribuição opcional de nota.

❹ **Exercício** – A opção **Não** indica que as notas obtidas não deverão ser computadas nas notas do aluno. Por sua vez, a opção **Sim** indica que as notas obtidas serão computadas no módulo de notas.

❺ **Pontuação personalizada** – Neste item, existe a opção de permitir que cada resposta tenha uma nota. O ideal é que somente as respostas corretas recebam pontuação, enquanto as demais fiquem com valor igual a 0 (zero).

❻ **Nota máxima** – Aqui, será estabelecido um valor máximo para a lição no quadro do módulo de notas.

❼ **Estudante pode tentar novamente** – Permite ou não que o aluno refaça sua lição.

❽ **Calculando o resultado das tentativas** – O tutor permitirá que o aluno, ao final da lição, confira sua nota e a média em relação à nota máxima.

❾ **Visualizar pontuação corrente** – Será permitido ou não que o aluno acompanhe sua pontuação no decorrer da lição.

Conforme podemos ver na Figura 6.30, o controle de fluxo traz opções para configuração das formas de apresentação e feedback ao aluno.

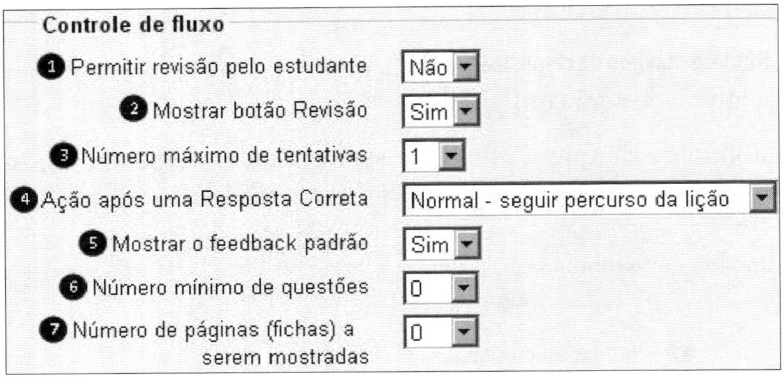

Figura 6.30 – Controle de fluxo.

❿ **Permitir revisão pelo estudante** – Será permitido ou não que o estudante reveja as páginas já criadas e altere suas respostas.

⓫ **Mostrar o botão de revisão** – A opção **Sim** habilita o botão de revisão, permitindo ao aluno tentar novamente a resposta em caso de erro.

⓬ **Número máximo de tentativas** – Indica quantas tentativas o aluno terá disponível para realizar a atividade.

⓭ **Ação após uma resposta correta** – Neste item será estabelecido se o aluno poderá ou não ser direcionado para a próxima página.

⓮ **Mostrar o feedback-padrão** – Apresenta o feedback fornecido pelo Moodle.

⓯ **Número mínimo de questões** – Com a seleção do número 0 (zero), o aluno não é forçado a responder a todas as questões da lição. Para obrigá-lo a isso, deve-se acrescentar o valor correspondente ao número de perguntas.

⓰ **Número de páginas (fichas) a ser mostradas** – O procedimento normal é que o valor permaneça como 0 (zero).

No que se refere às demais opções (Formatação da lição, Controle de acesso, Dependente de, Arquivo ou página web em janela pop-up, Outro e Controle de módulos comuns), a melhor opção é mantê-las inalteradas, pois já se encontram otimizadas.

Para concluir a configuração, clique em **Salvar e mostrar**. Uma nova tela será exibida, como mostra a Figura 6.31.

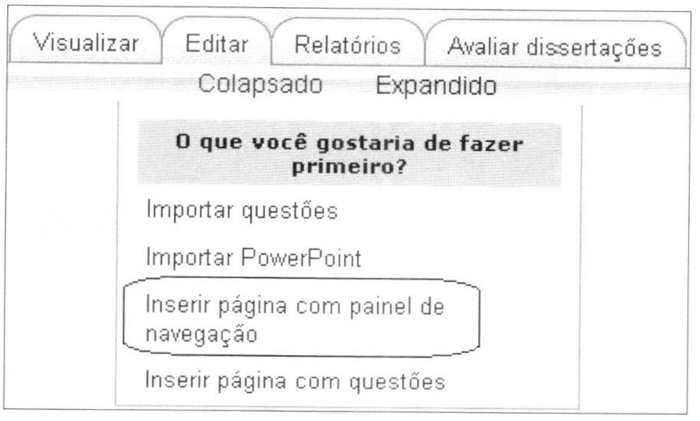

Figura 6.31 – Edição do painel de navegação.

Para exemplificar o prosseguimento da construção, escolhe-se a opção **Inserir página com painel de navegação**. Clicando nessa opção, será disponibilizada uma tela como a da Figura 6.32.

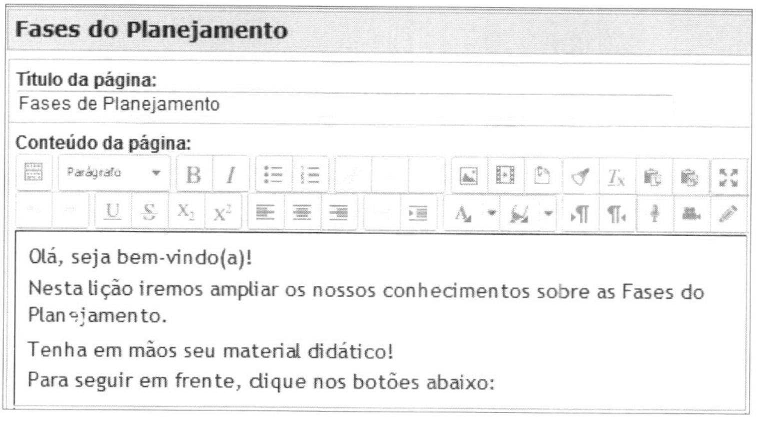

Figura 6.32 – Preenchimento da página.

Inseridos o nome e o conteúdo (descrição da atividade), passa-se ao preenchimento dos campos **Texto do link 1**, **Texto do link 2**, **Texto do link 3** e **Texto do link 4**, nos quais são estabelecidos os nomes das páginas e/ou seções para as quais o aluno será direcionado. Observa-se que o campo Número máximo de respostas/seções, visto anteriormente, determinará o número de seções que serão disponibilizadas. Cada seção aqui habilitada será posteriormente acessada pelo aluno por meio de um botão de navegação.

A Figura 6.33 mostra a página em que as seções serão intituladas. O campo **Destinação** direcionará o participante para o próximo passo no contexto da atividade.

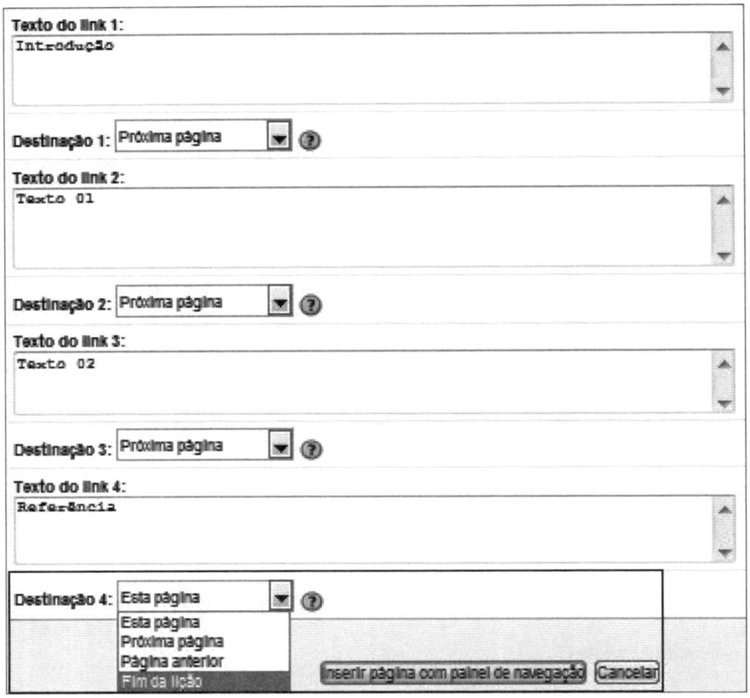

Figura 6.33 – Opções de navegação.

Cumpridas essas etapas, deve-se clicar em **Inserir página com painel de navegação**. Em seguida, será exibido o conteúdo da Figura 6.34.

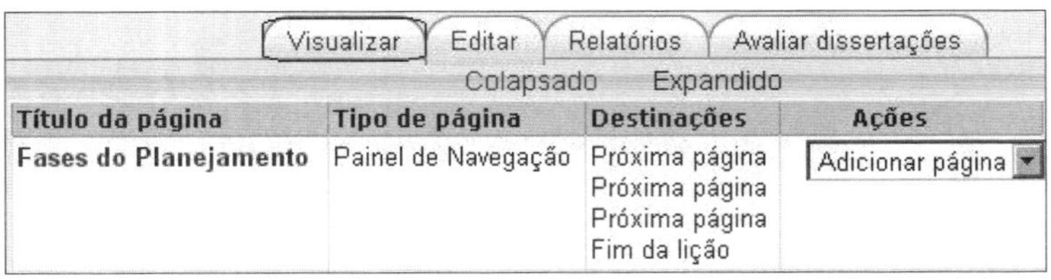

Figura 6.34 – Visualização do painel.

Para visualizar e navegar em cada um dos links basta clicar nos botões correspondentes a esses comandos no Painel de navegação, como mostra a Figura 6.35.

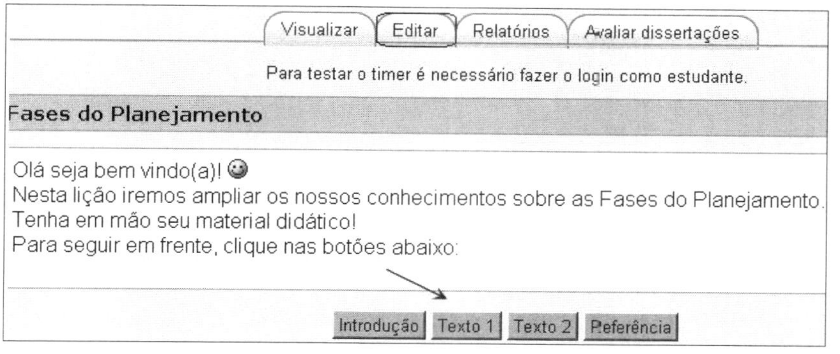

Figura 6.35 – Navegação do painel.

Para adicionar uma página (Figura 6.36) com atividades para o participante, deve-se clicar em **editar** e, em seguida, na opção **ações**; depois escolha o item **questão**.

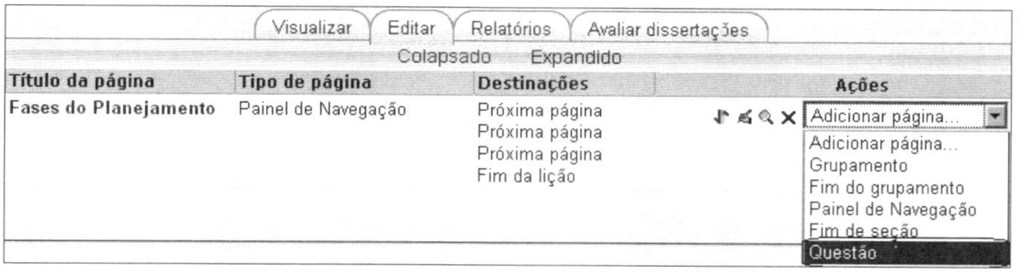

Figura 6.36 – Adição de uma página.

Será disponibilizada uma tela em que deverá ser acrescido um texto e, em seguida, uma pergunta com as opções de resposta. Na barra de menu, há seis opções de questões a serem trabalhadas, ficando a critério do autor a escolha.

Nessa tela, o ideal é que o título da página seja preenchido conforme os botões de navegação. No caso aqui descrito, foram selecionadas as opções **Introdução**, **Texto 1**, **Texto 2** e **Referência**, portanto o campo será preenchido com a palavra Introdução. Depois de introduzir o texto, disponibilize uma pergunta para o aluno, como mostra a Figura 6.37.

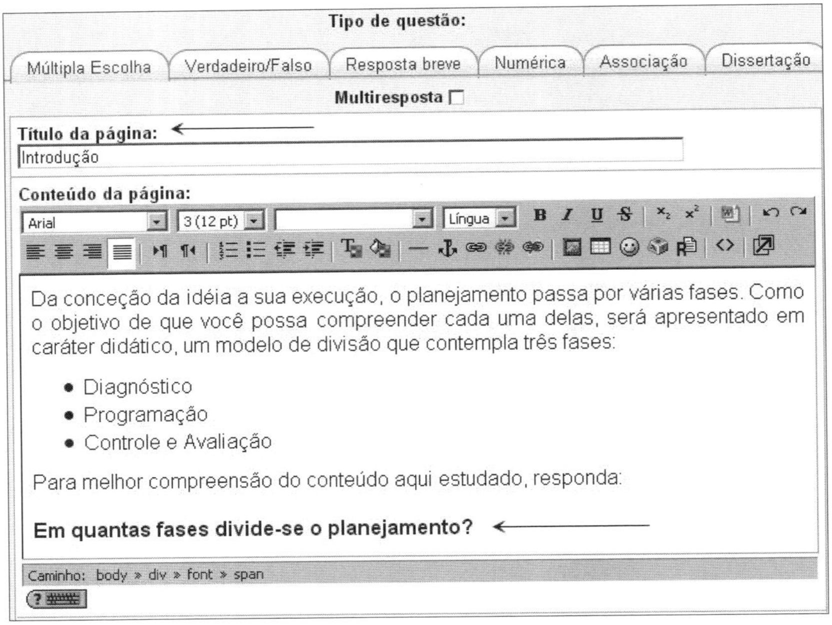

Figura 6.37 – Opções de questões.

A Figura 6.38 mostra as opções de respostas para a pergunta mencionada na figura anterior. No caso do exemplo, há quatro opções de escolha. Em cada opção deverá ser configurada a página para a qual o participante deverá seguir – podendo este permanecer na mesma página ou ser direcionado para a seguinte. No campo **Resposta**, o autor deverá mencionar as respostas, sendo que haverá apenas uma resposta correta, uma vez que a opção selecionada na barra de menu foi de múltipla escolha. Para cada resposta há um campo denominado **Retorno**. Nesse campo será disponibilizado o feedback para o participante. O autor pontuará as questões no campo **Pontuação**. O ideal é que a resposta correta receba uma pontuação, enquanto as demais permaneçam com a pontuação igual a 0 (zero).

Depois de clicar em **Inserir página com questões**, será exibida a tela presente na Figura 6.39. Seguindo o mesmo princípio anterior, deve-se clicar em **Adicionar página** e escolher a opção **Questão**. A página que abrirá em seguida será direcionada para o botão de navegação **Texto 1**, de acordo com a configuração realizada.

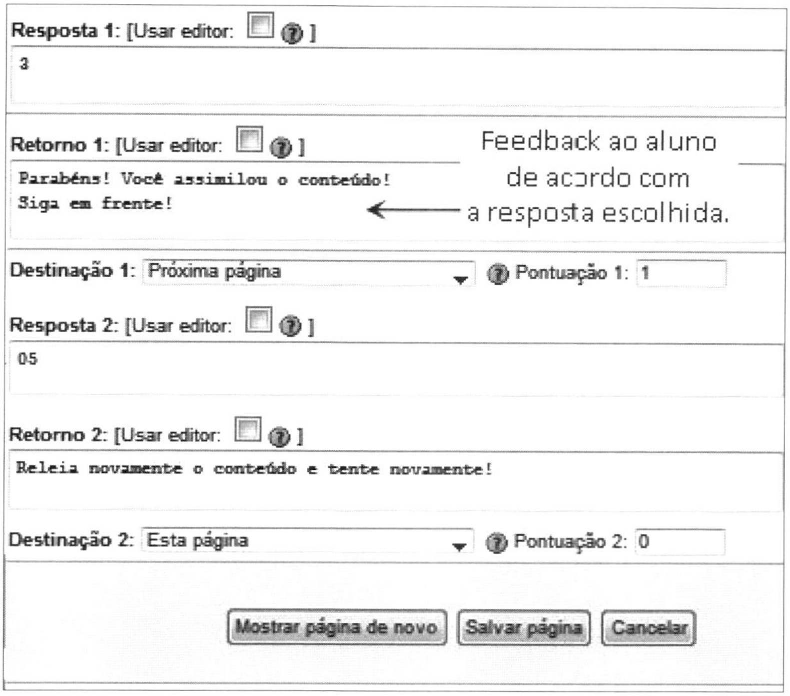

Figura 6.38 – Perguntas, respostas e feedbacks.

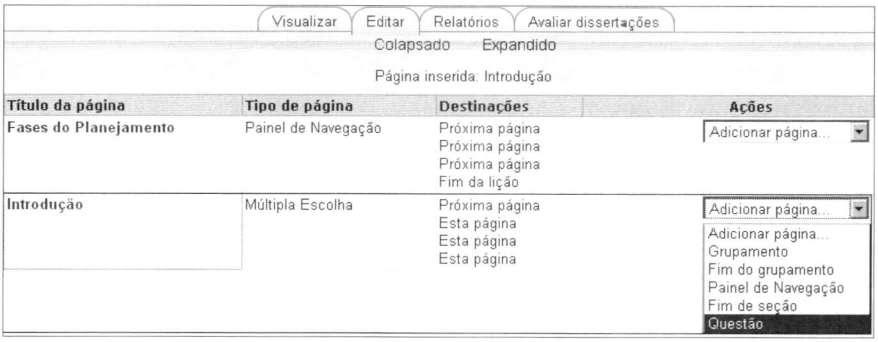

Figura 6.39 – Adição de questões.

Preenchidos os campos obrigatórios, devem ser habilitadas as respostas que serão direcionadas ao aluno, inserindo-se a página com a questão (Figura 6.40).

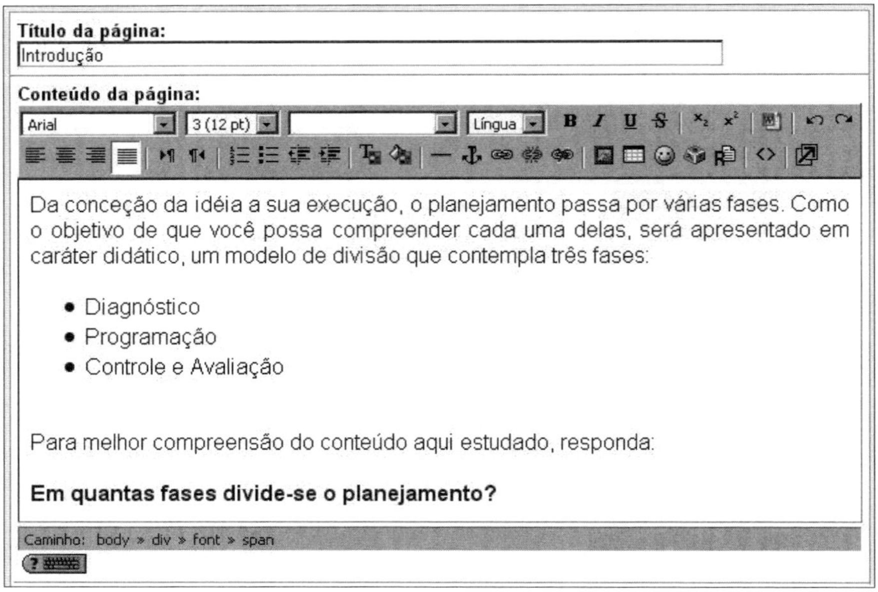

Figura 6.40 – Inserção da página com a questão.

A cada nova página de questões adicionada, será exibida a tela mostrada a seguir com os campos referentes à adição das páginas. Essa sequência ocorrerá enquanto houver páginas a ser acrescidas. Observe a Figura 6.41.

Retornando ao início da lição, no ícone "número máximo de respostas/seções", a configuração selecionada foi quatro, de modo que o autor terá quatro páginas/seções disponíveis.

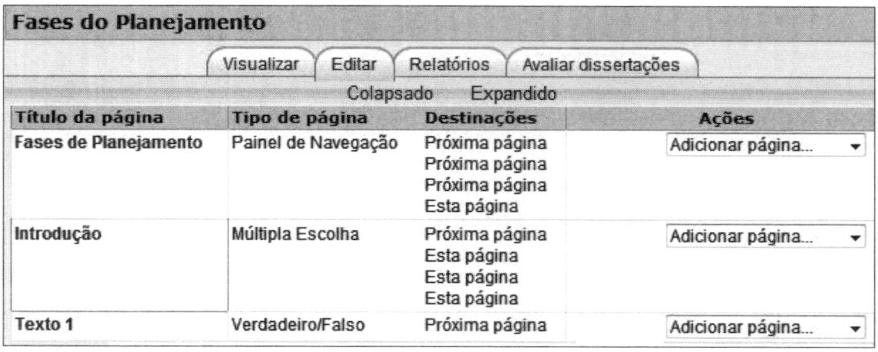

Figura 6.41 – Campos de edição.

Concluídas todas as etapas, clica-se em Visualizar e, em seguida, no botão de navegação Introdução. A tela disponibilizada já estará com as configurações previamente designadas com texto, pergunta e resposta de múltipla escolha. Assim, no exemplo, o participante terá quatro opções para sua resposta, conforme mostra a Figura 6.42.

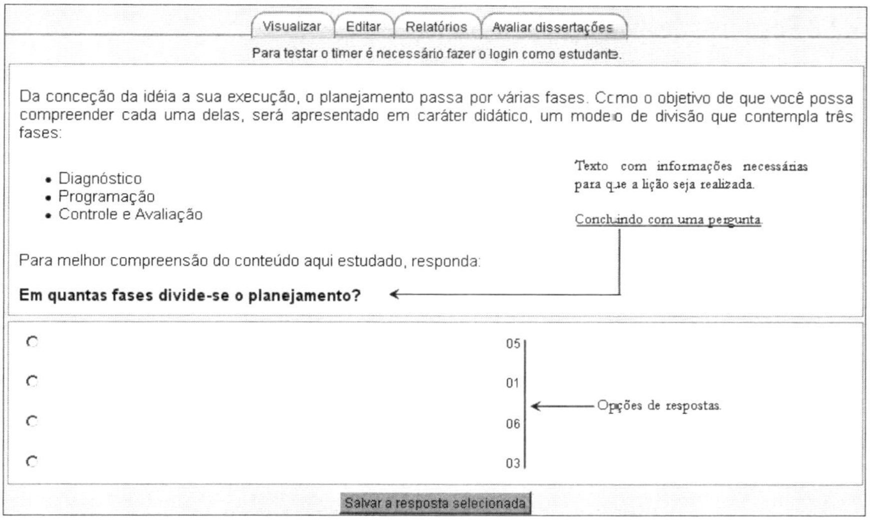

Figura 6.42 – Visualização de perguntas e respostas.

Depois de o participante salvar a resposta selecionada, a tela seguinte apresentará o feedback, conforme indica a Figura 6.43.

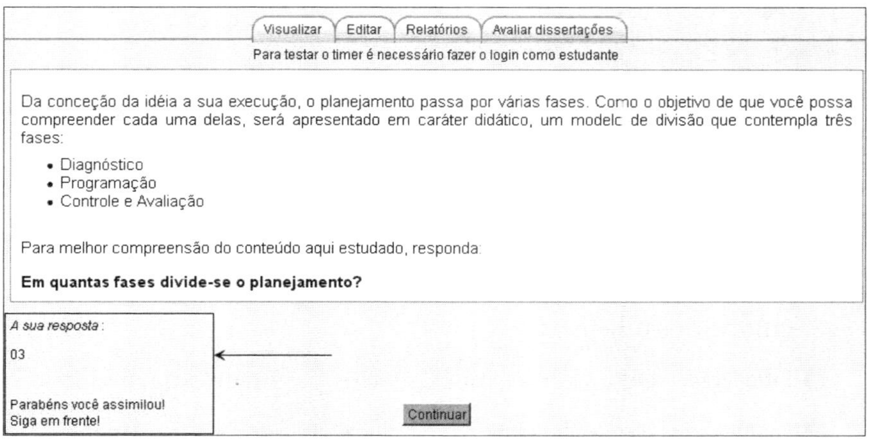

Figura 6.43 – Visualização de feedback.

Planejamento é essencial em EAD. Para que a atividade de lição, por exemplo, seja confeccionada, é exigida uma estrutura predefinida que contenha a quantidade de páginas, seções e perguntas a serem disponibilizadas aos alunos.

6.2.8 Pesquisa de avaliação

Esta atividade é composta de alguns questionários de avaliação previamente formatados para análise em ambientes virtuais. Seu principal objetivo é fazer com que o participante reflita sobre sua aprendizagem e participação durante um curso.

Atualmente, o Moodle tem dois formatos de questionário que, com base na teoria construtivista, avaliam tendências sociais e individuais da aprendizagem.

Para configurar a pesquisa é necessário seguir estes passos (Figura 6.44):

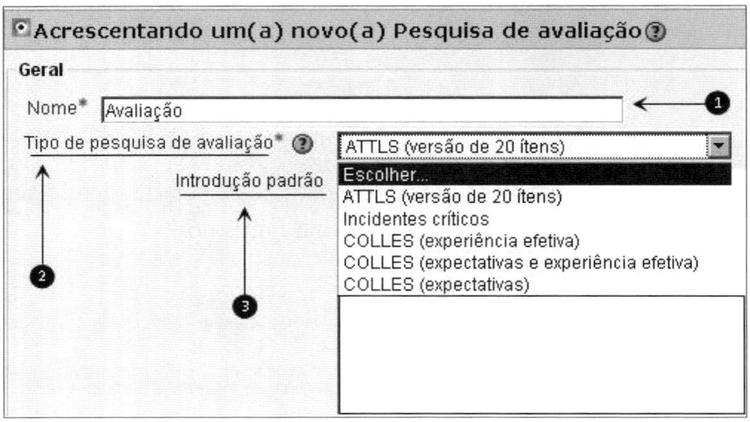

Figura 6.44 – Configurações da avaliação.

❶ **Nome** – Escrever o nome da atividade.

❷ **Tipo de pesquisa de avaliação** – Escolher qual tipo é mais apropriado para cumprir os objetivos.

❸ **Introdução** – Descrever a explicação e os parâmetros da atividade.

❹ **Configurações de módulos comuns** – Seguem os mesmos parâmetros das atividades anteriores.

Tipos de pesquisa de avaliação:

1. **ATTLS** (*Attitudes to thinking and learning survey*) – Pesquisa de atitudes e pensamentos sobre a aprendizagem. Este grupo de questões usa como base o instrumento de avaliação desenvolvido por Galotti com duas opções: processos de aprendizagem de forma mais prazerosa e participativa (saber conectado) e processos de forma crítica e polêmica (saber destacado) baseados em dois modelos possíveis.

   Modelo ATTLS, versão de 20 itens (Figura 6.45).

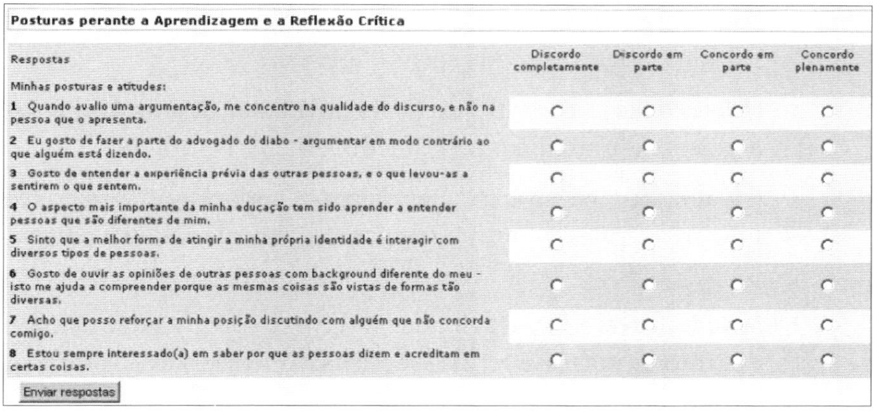

Figura 6.45 – Modelo ATTLS.

Modelo 2 ATTLS, versão incidentes críticos (Figura 6.46).

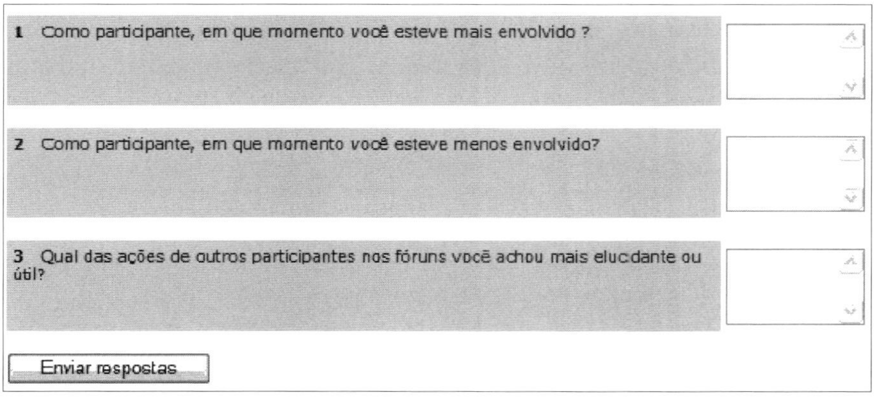

Figura 6.46 – Modelo ATTLS (incidentes críticos).

2. **COLLES** (*Constructivist On-Line Learning Environment Survey*) – Pesquisa de aprendizagem construtivista em ambientes de ensino-aprendizagem.

   Este modelo é formado por 24 questões distribuídas em seis áreas, formando o ponto crucial da aprendizagem significativa e construtiva. O modelo tem três formas de avaliação: a primeira analisa a participação efetiva do aluno, a segunda, as expectativas do aluno, e a terceira, as participações efetivas e as expectativas do aluno combinadas. Ao aluno caberá marcar o espaço correspondente à sua análise. Essas áreas são as seguintes:

   - **Relevância** – Nestas questões, o aluno avalia se o que aprendeu foi relevante para a aprendizagem (Figura 6.47).
   - **Reflexão crítica** – É verificado se as atividades desenvolvidas no ambiente estimulam o pensamento crítico (Figura 6.48).
   - **Interatividade** – Nesta área, o participante poderá avaliar se houve interação entre os outros integrantes da sala de aula virtual (Figura 6.49).
   - **Apoio dos tutores** – O participante avalia o envolvimento e o apoio dos tutores, inclusive verifica se estes são mediadores do processo ensino-aprendizagem (Figura 6.50).
   - **Apoio dos colegas** – Os participantes avaliam o envolvimento dos colegas e a parcela de contribuição destes na aprendizagem (Figura 6.51).
   - **Compreensão** – Este item avalia as comunicações no ambiente, verificando se houve compreensão nas explicações e no retorno das mensagens (Figura 6.52).

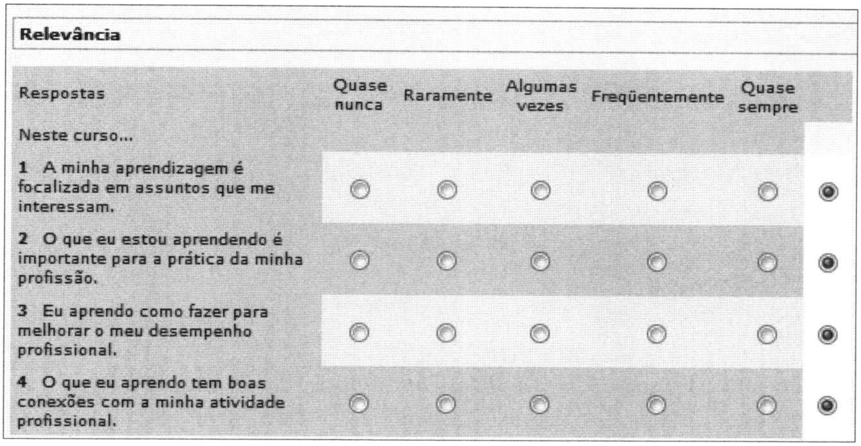

Figura 6.47 – Modelo Colles: relevância.

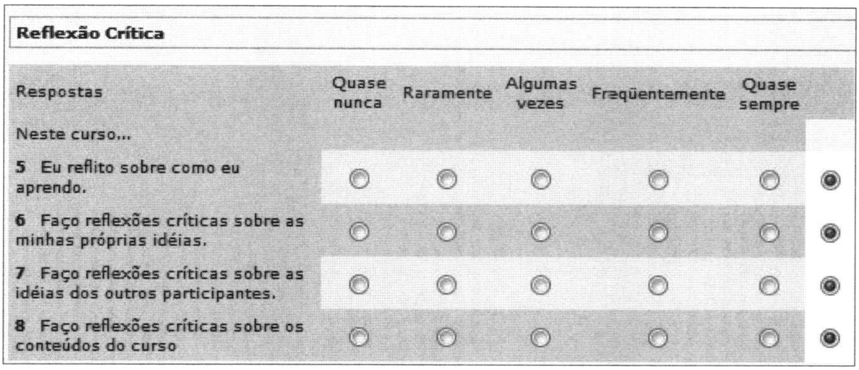

Figura 6.48 – Modelo Colles: reflexão crítica.

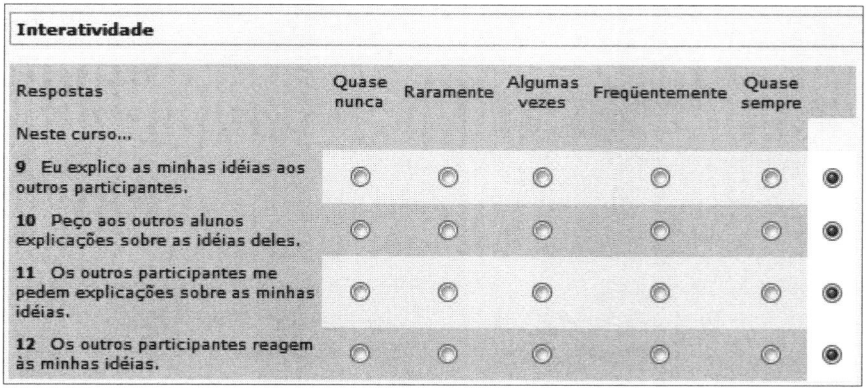

Figura 6.49 – Modelo Colles: interação.

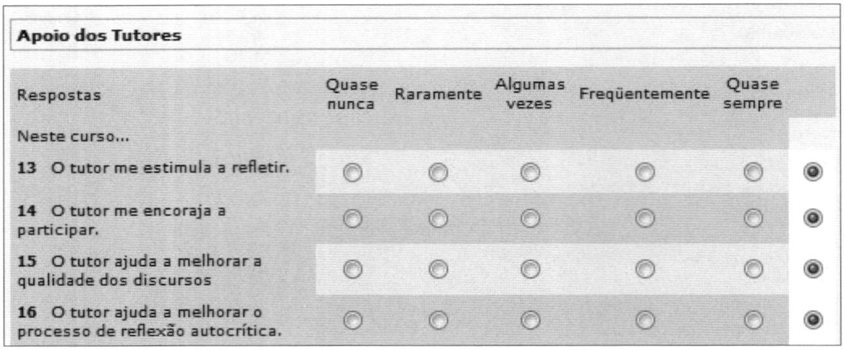

Figura 6.50 – Modelo Colles: apoio dos tutores.

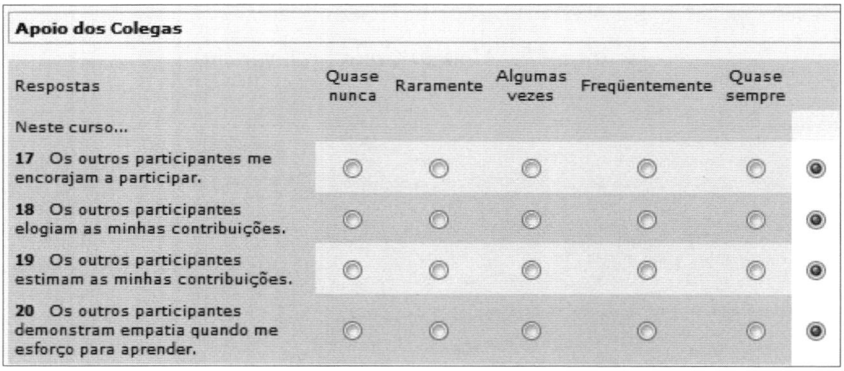

Figura 6.51 – Modelo Colles: apoio dos colegas.

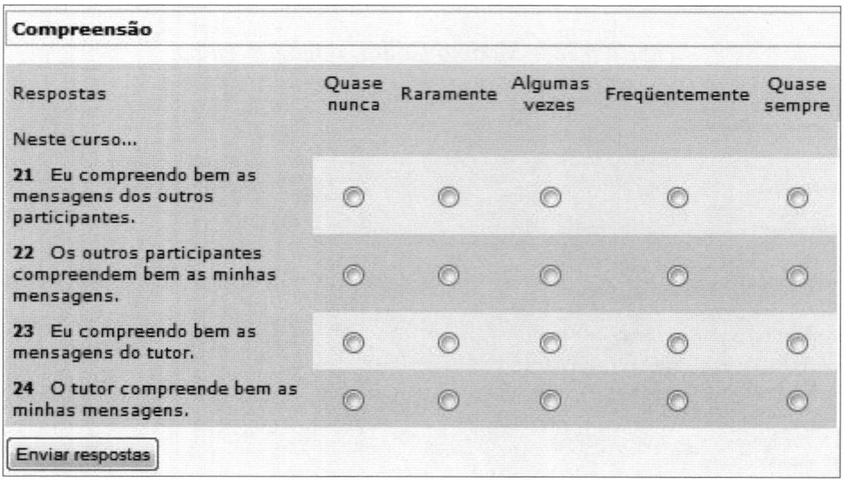

Figura 6.52 – Modelo Colles: compreensão.

Os dados das respostas são tabulados pelo sistema. Para visualizá-los, basta um clique no link "**Ver respostas**", conforme pode ser visto na Figura 6.53.

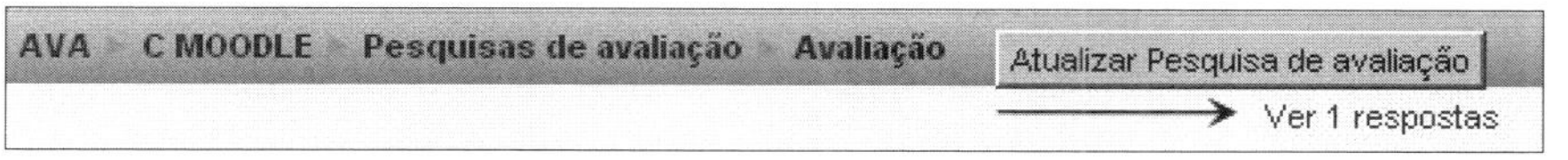

Figura 6.53 – Visualização de avaliações.

6.2.9 Questionário

Se fossem consideradas as especificidades da educação brasileira, esta atividade poderia ser denominada exercício, teste, questionário, prova online ou mesmo avaliação. Suas inúmeras possibilidades oferecem características peculiares e muito interessantes para um curso. As questões criadas podem ser armazenadas em categorias, formando um banco de dados de questões em diversos formatos, tais como verdadeiro ou falso, múltipla escolha, resposta breve e resposta numérica, entre outros. Outra vantagem da atividade é a possibilidade de que a correção das questões seja feita pelo próprio sistema, gerando também feedback automático. Sua configuração é simples e intuitiva (Figura 6.54).

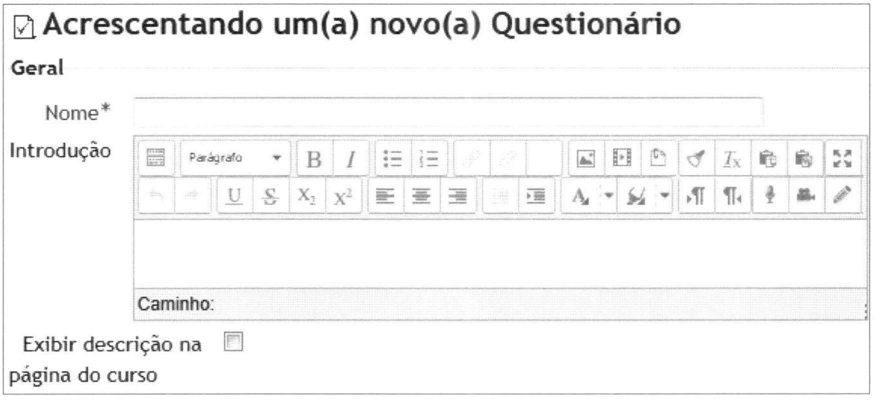

Figura 6.54 – Configurações do questionário.

O campo **Geral** contém dois espaços que devem ser configurados:

❶ **Nome** – O autor escreve a identificação da atividade. Ex.: aquecimento global.

❷ **Introdução** – Neste espaço, o autor escreverá os parâmetros da atividade e todas as observações necessárias para sua realização. Observação: nesse momento, as perguntas não são inseridas.

❸ **Exibir descrição na página do curso** – Se esta opção for assinalada, o texto inserido na caixa **introdução** será exibido diretamente na área principal.

A configuração do item Duração (Figura 6.55) é muito importante. Seu preenchimento correto evita possíveis prejuízos aos participantes.

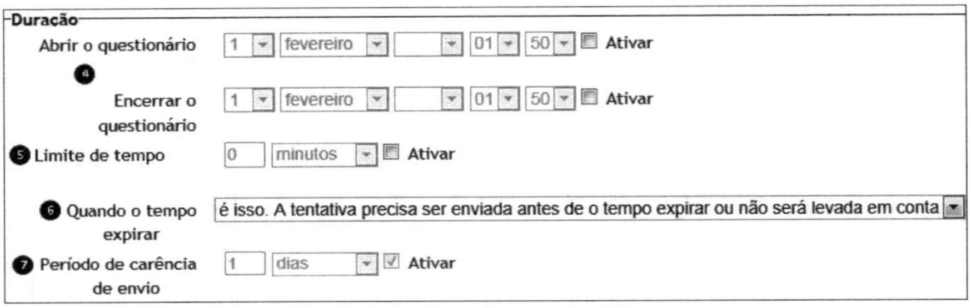

Figura 6.55 – Duração.

❹ **Abrir o questionário e encerrar o questionário** –Se assinaladas as caixas de opções, será possível estabelecer o prazo em que a atividade estará disponível para acesso.

❺ **Limite de tempo** – Ao habilitar esse botão, o autor delimita o tempo para preenchimento das respostas. O participante pode ter noção do tempo por meio de um contador digital que se inicia quando o questionário é aberto.

❻ **Quando o tempo expirar** – Permite determinar se haverá ou não tempo de carência para que o aluno envie o trabalho caso o tempo previsto se encerre.

❼ **Período de carência de envio** – Se ativado, permite que se indique o número de dias de carência que o aluno terá para enviar o trabalho caso o prazo se encerre. Observa-se que a caixa só se apresentará para habilitação caso, no menu anterior, a opção **há um período de carência no qual a tentativa pode ser enviada** seja habilitada.

O campo de notas oferece opções para a categorização e o número de tentativas para resolução do questionário (Figura 6.56).

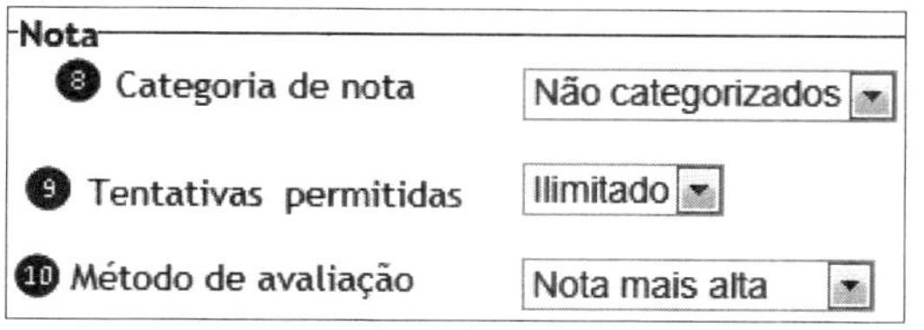

Figura 6.56 – Nota.

❽ **Categorização da nota** – Indica a categoria na qual as notas serão postadas no livro de notas.

❾ **Tentativas permitidas** – Permite definir o número de tentativas que o aluno poderá fazer para executar a atividade.

❿ **Método de avaliação** – É a forma como a nota ou a média final será calculada. A **Nota mais alta** considera a nota mais alta obtida em todas as tentativas. Na **Nota média**, a nota final é a média de todas as tentativas. A **Primeira tentativa** considera apenas a primeira tentativa para realizar o questionário. Por sua vez, a **Última tentativa** considera apenas a nota obtida na última tentativa.

As opções de layout determinam o modo como as questões serão apresentadas ao aluno (Figura 6.57).

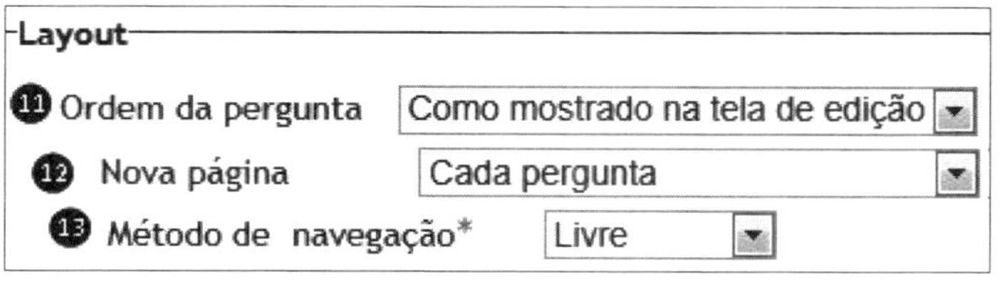

Figura 6.57 – Layout.

⓫ **Ordem da pergunta** – Esta opção, quando habilitada, faz com que cada participante visualize suas perguntas em sequência diferente da apresentada a outra pessoa.

⓬ **Nova página** – O autor define quantas questões devem aparecer, por página, para o aluno responder.

⓭ **Método de navegação** – A opção **livre** permite que o aluno escolha a sequência em que deseja responder às questões.

O comportamento da questão, conforme apresentado na Figura 6.58, disponibiliza suas especificidades técnicas.

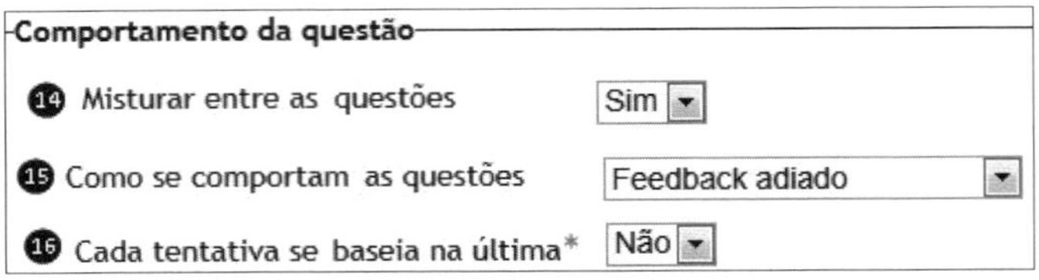

Figura 6.58 – Comportamento da questão.

⓮ **Misturar as questões** – Se esta opção for habilitada, as alternativas de respostas aparecerão de forma diferente para cada participante.

⓯ **Como se comportam as questões** – Especifica como os alunos irão receber feedback sobre a atividade. A opção "feedback adiado", por exemplo, informa que o aluno poderá ter acesso a suas notas e aos comentários após toda a atividade ser realizada e enviada para correção.

⓰ **Cada tentativa se baseia na última** – Se habilitada com **Sim**, o sistema sempre lembrará ao participante o que foi respondido anteriormente.

As opções de revisão permitem o acesso ao resultado final do questionário de quatro formas diferentes, conforme mostra a Figura 6.59.

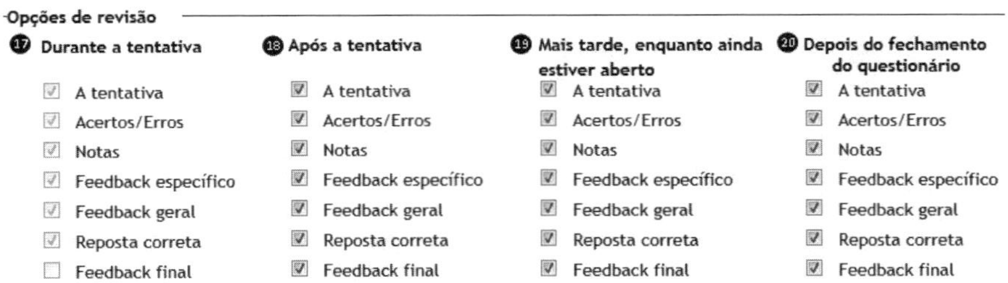

Figura 6.59 – Opções de revisão.

⓱ **Durante a tentativa** – As caixas de configuração dessa opção só se apresentam se no menu de comportamento das questões for escolhida a opção **feedback imediato**.

⓲ **Após a tentativa** – Permite ver as respostas automaticamente no momento de envio da atividade.

⑲ **Mais tarde, enquanto ainda estiver aberto** – O resultado poderá ser conhecido antes de o questionário ser fechado.

⑳ **Depois do fechamento do questionário** – O resultado poderá ser conhecido após o fechamento do questionário. Ou seja, se o questionário não tiver data de encerramento, o participante não terá acesso ao resultado.

As caixas de visualização e de restrições extras oferecem novas opções de segurança (Figura 6.60).

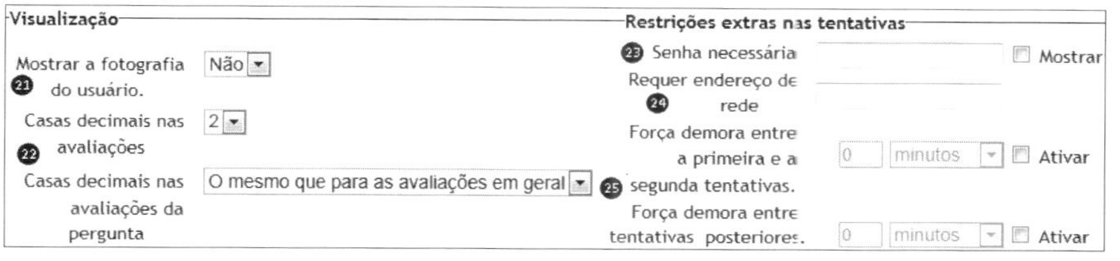

Figura 6.60 – Visualização e restrições.

- **Mostrar a fotografia do usuário** – Se a caixa for ativada, a foto do participante será apresentada tanto durante a tentativa quanto na revisão da atividade.
- **Número de casas decimais das notas** – Define com quantas casas decimais a nota será considerada e exibida ao participante.
- **Senha necessária** – Permite que a atividade seja aberta apenas se a senha requerida for digitada.
- **Requer endereço de rede** – Possibilita a restrição de acesso apenas a partir de determinado endereço de rede ou IP.
- **Forçar demora entre as tentativas** – Força o participante a aguardar para que possa fazer novas tentativas para realizar a atividade.

O Feedback geral (Figura 6.61) é um texto opcional mostrado de forma global aos estudantes de acordo com o valor de notas alcançado. Seu preenchimento permite agregar expressões e palavras de acordo com o percentual de acertos.

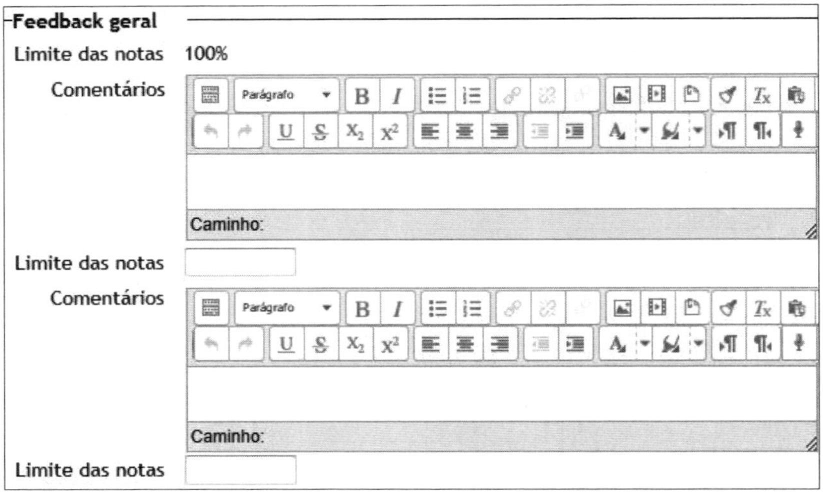

Figura 6.61 – Feedback geral.

As configurações de módulos comuns, restringir acesso e conclusão de atividade no curso seguem o mesmo padrão já apresentado. Preenchidos os itens, clica-se em **Salvar e mostrar**. A nova tela apresentada (Figura 6.62) permitirá a configuração das perguntas e respostas.

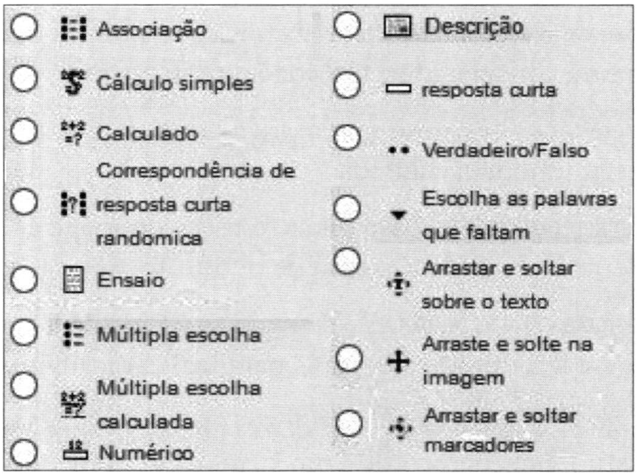

Figura 6.62 – Criação de questões.

Os tipos de questões possíveis para os questionários são:

- **Associação** – Interliga questões a possíveis respostas por meio de um menu de opções (Figura 6.63).

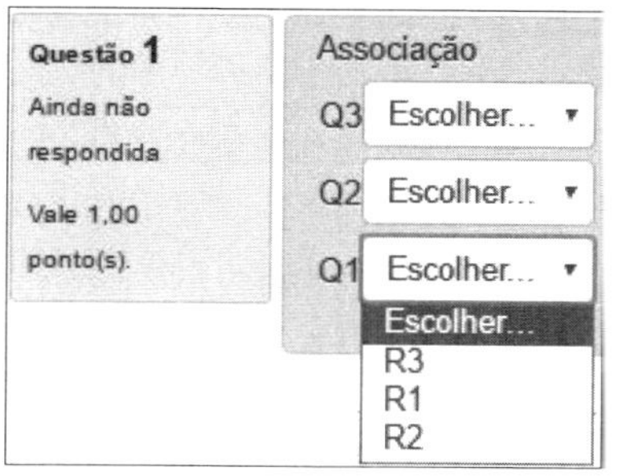

Figura 6.63 – Associação.

- **Calculado e Cálculo Simples** – Permitem a criação de questões numéricas e matemáticas.
- **Resposta curta randômica** – A resposta curta (Figura 6.64) permite que palavras ou expressões possam ser digitadas em uma caixa. Por sua vez, a randômica reúne todas as questões do tipo resposta curta apresentando uma nova questão com aparência semelhante à Associação.

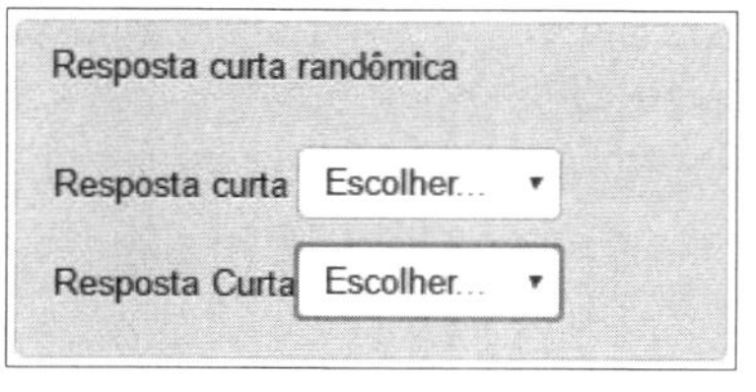

Figura 6.64 – Resposta curta randômica.

- **Descrição** – Na prática, não se trata de uma questão propriamente dita, portanto, não é avaliativa. Seu objetivo é servir de base para questionamentos prévios que podem ser discutidos no fórum ou mesmo para elaborar questões com base no que foi descrito pelos participantes. Sua configuração é simples, como mostra a Figura 6.65:

  ❶ **Nome da pergunta** – Título da descrição.

  ❷ **Texto da pergunta** – Escrever o texto da temática que deverá ser descrita pelo participante.

  ❸ **Feedback geral** – Possibilita a colocação de uma mensagem de incentivo para o participante.

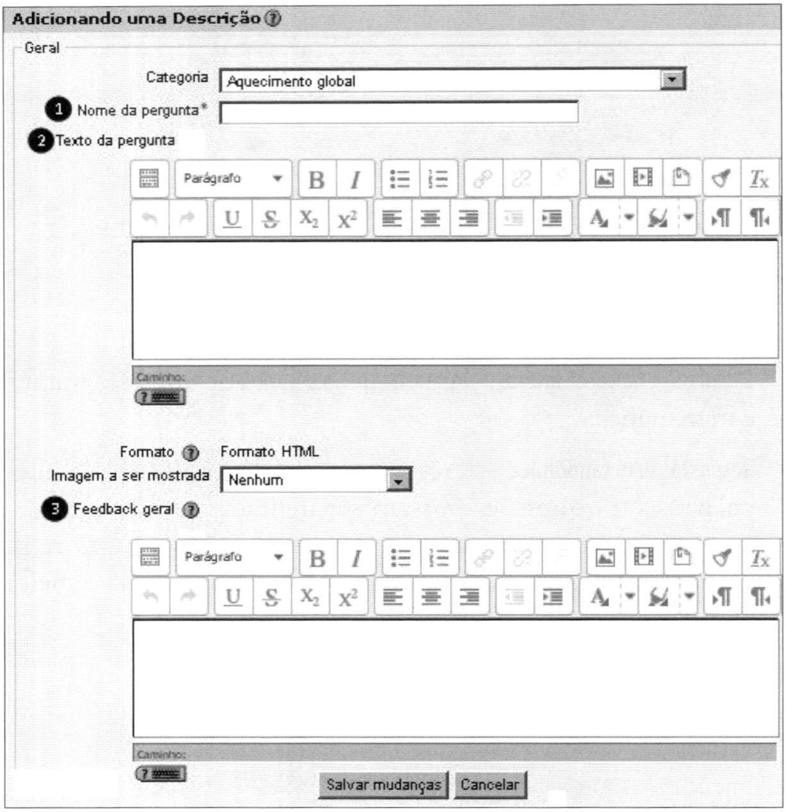

Figura 6.65 – Adição de descrição.

- **Ensaio** – A questão exigirá resposta dissertativa na forma de texto ou explicação. Sua configuração segue os parâmetros básicos de preenchimento dos campos relacionados a seguir (Figura 6.66).

❹ **Categoria** – Indica se a questão será específica do curso, da categoria ou do sistema como um todo.

❺ **Nome da pergunta** – Deve-se classificar a pergunta. Exemplo: educação.

❻ **Texto da pergunta** – Neste espaço, deve-se escrever a pergunta.

❼ **Feedback geral** – Espaço opcional em que o tutor pode colocar a resposta do item ou inserir mensagem de incentivo à participação do aluno.

❽ **Formato da resposta** – Possibilita a escolha dos textos em diferentes formatos, incluindo html (opção-padrão) e texto simples.

❾ **Tamanho da caixa de entrada** – Indica o número máximo de linhas destinadas à resposta.

❿ **Permitir anexos** – Além do texto digitado, permite que a resposta seja enviada com textos em anexo.

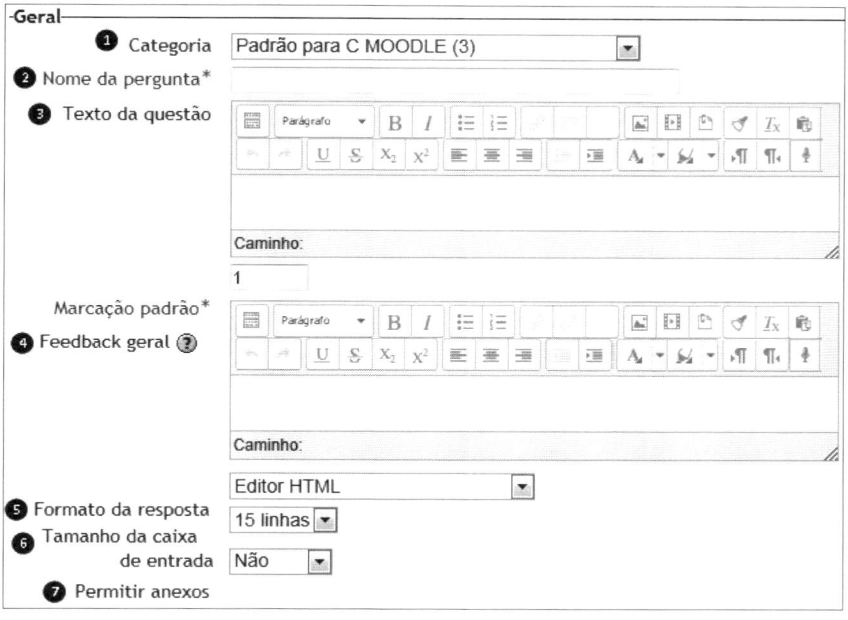

Figura 6.66 – Ensaio.

- **Múltipla Escolha** – Trata-se de uma questão (Figura 6.67) que pode ser configurada no sistema com possíveis respostas, inclusive com a opção de haver mais de uma correta. A vantagem do uso desse tipo de questão é o fato de o sistema permitir a correção automática dos itens, fornecendo notas e feedback ao aluno.

❶ **Nome** – Título da pergunta.

❷ **Texto da pergunta** – Escreve-se a pergunta.

❸ **Feedback geral** – Texto opcional, conforme modelos anteriores.

❹ **Uma ou múltiplas respostas** – Define se haverá uma ou mais respostas corretas.

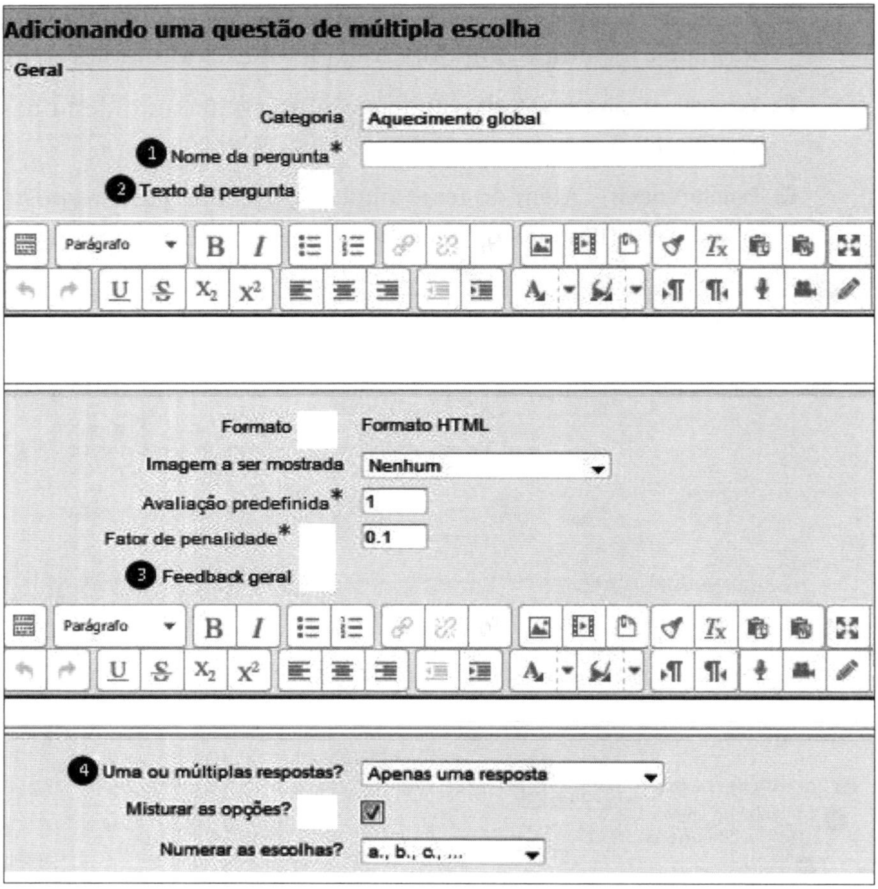

Figura 6.67 – Múltipla escolha.

Em seguida, virão espaços semelhantes para preenchimento com as respostas (Figura 6.68).

❶ **Resposta** – Escreve-se a resposta da questão.

❷ **Nota** – Se a opção for a correta, coloca-se a nota correspondente utilizando-se números positivos. Se a resposta for incorreta, utiliza-se número negativo ou a palavra NENHUM.

❸ **Feedback** – Espaço de preenchimento opcional utilizado para mensagens de incentivo ao participante.

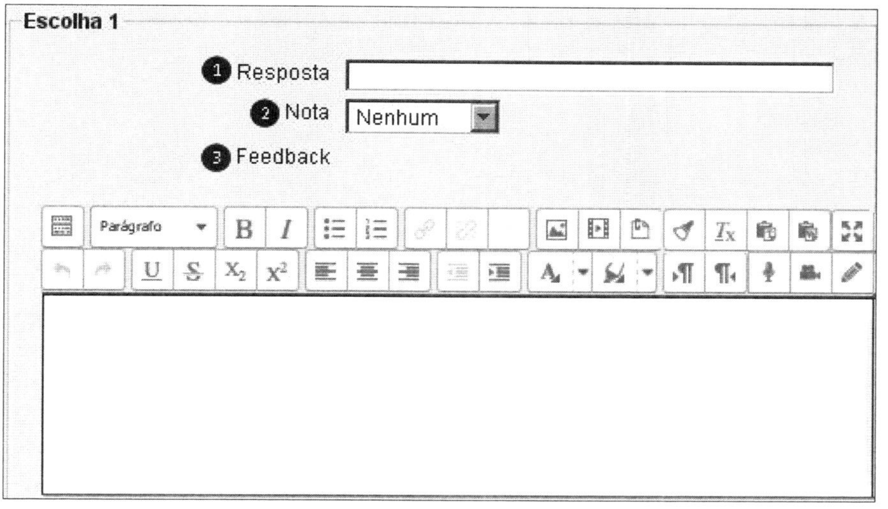

Figura 6.68 – Configuração da múltipla escolha.

- **Múltipla escolha calculada** – Permite a criação de questões de múltipla escolha especiais para operações matemáticas.
- **Resposta curta** – Nesse caso, faz-se uma pergunta em que só cabe um tipo de resposta. Esta deverá coincidir exatamente com a que for configurada pelo autor. Exemplo: qual é o maior país da América do Sul? Resposta correta: Brasil. A configuração geral segue o mesmo padrão dos formatos anteriores. A única diferença é que logo após o feedback geral existe uma opção que habilita ou não a distinção entre letras maiúsculas ou minúsculas na resposta. O mais indicado é manter a opção que não faz distinção entre ambas (Figura 6.69).

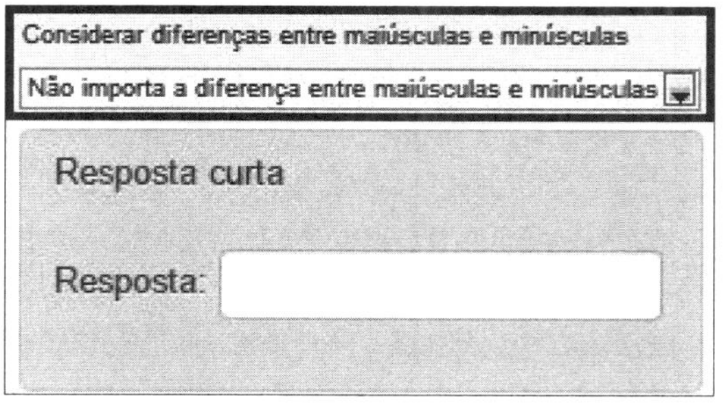

Figura 6.69 – Resposta curta.

O sistema abrirá espaço para três ou mais respostas possíveis, cabendo lembrar que as opções não preenchidas serão desconsideradas (Figura 6.70).

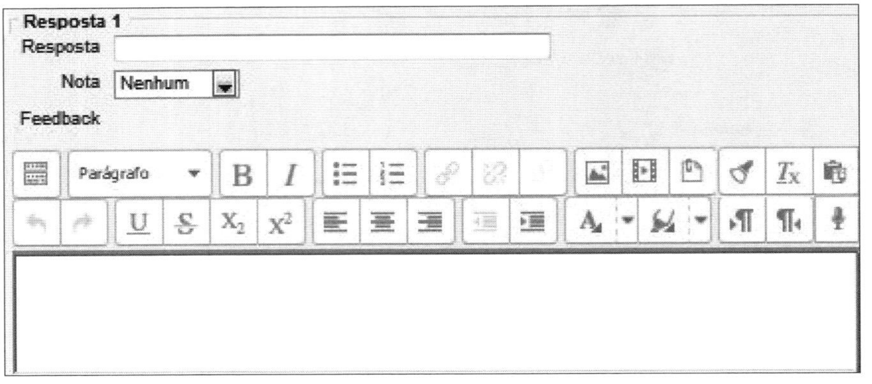

Figura 6.70 – Acréscimo de respostas.

- **Numérica** – A questão é indicada para perguntas para as quais a resposta seja um valor numérico, incluindo-se possíveis margens de erro (Figura 6.71). Esse tipo de atividade é muito interessante para datas históricas e resultados matemáticos. Assim, em uma questão em que a margem de erro seja três, por exemplo, e a resposta correta seja 25, um participante que responder valores entre 22 e 28 estará pontuando corretamente.

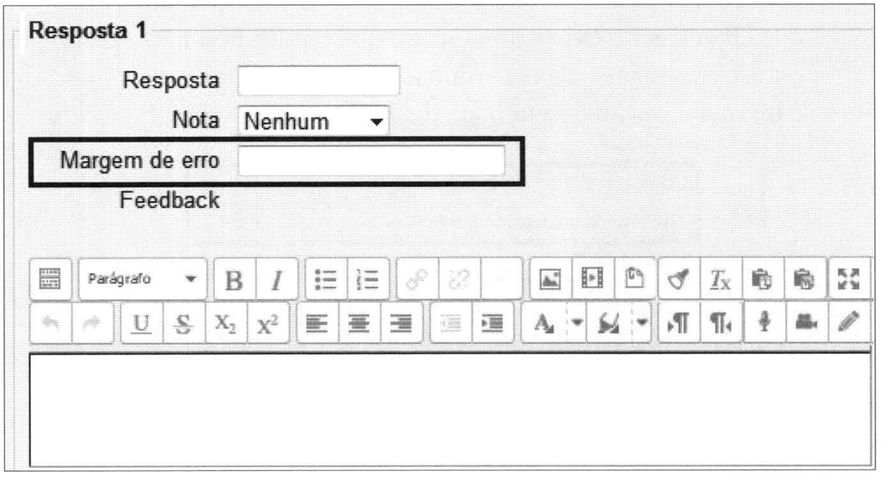

Figura 6.71– Questionário numérico.

- **Verdadeiro ou falso** – Como o próprio nome sugere, este formato é indicado para perguntas em que cabem apenas dois tipos de resposta: verdadeiro ou falso. Sua configuração segue o mesmo padrão dos modelos anteriores, inclusive em relação ao espaço opcional do feedback (Figura 6.72).

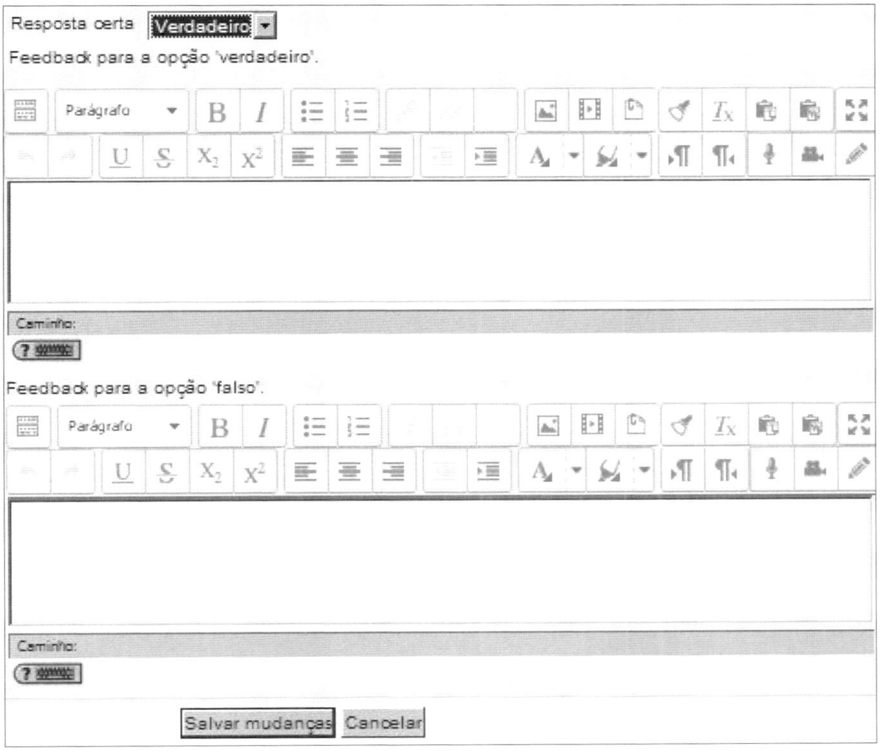

Figura 6.72 – Configuração de verdadeiro e falso.

- **Escolha as palavras que faltam** – Trata-se de um tipo de questão que permite que palavras ou expressões disponibilizadas em menus possam ser utilizadas para completar as afirmações. Para tanto, a expressão [[n]] deve substituir o item na formulação da questão (Figura 6.73), lembrando que os grupos de opções podem receber número variado de respostas [[n]].

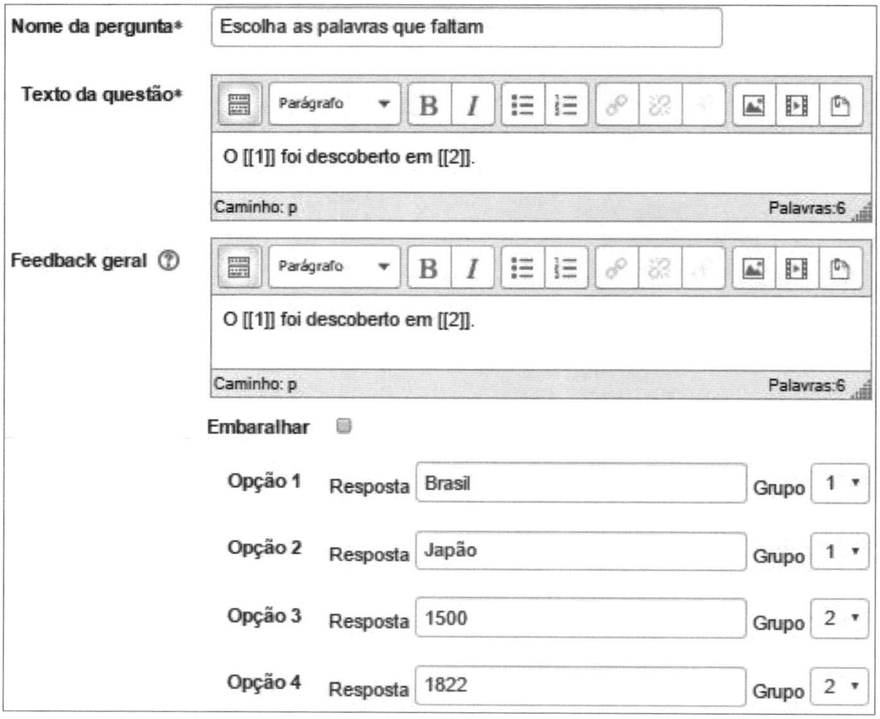

Figura 6.73 – Escolha as palavras.

- **Arrastar e soltar textos** – O princípio de construção segue a mesma lógica da *escolha das palavras que faltam*. A diferença está no fato de as palavras ou expressões não estarem reunidas em menus por grupos, mas sim soltas, conforme se vê na Figura 6.74.

Figura 6.74 – Arrastar e soltar textos.

- **Arrastar e soltar imagens** – Como o próprio nome sugere, a questão permite que figuras possam ser deslocadas e postas sobre outra configurada na forma de fundo (background). A melhor maneira de se construir é obedecer à seguinte sequência: subir a figura de fundo, subir cada figura que será arrastada e clicar em `<Atualizar preview>`. A partir daí, deve-se arrastar cada figura para o local que deverá ocupar quando for arrastada pelo aluno. A ação de levar as figuras ao ponto que deve ser ocupado faz com que não seja necessário configurar a área de soltura manualmente. O resultado pode ser observado na Figura 6.75.

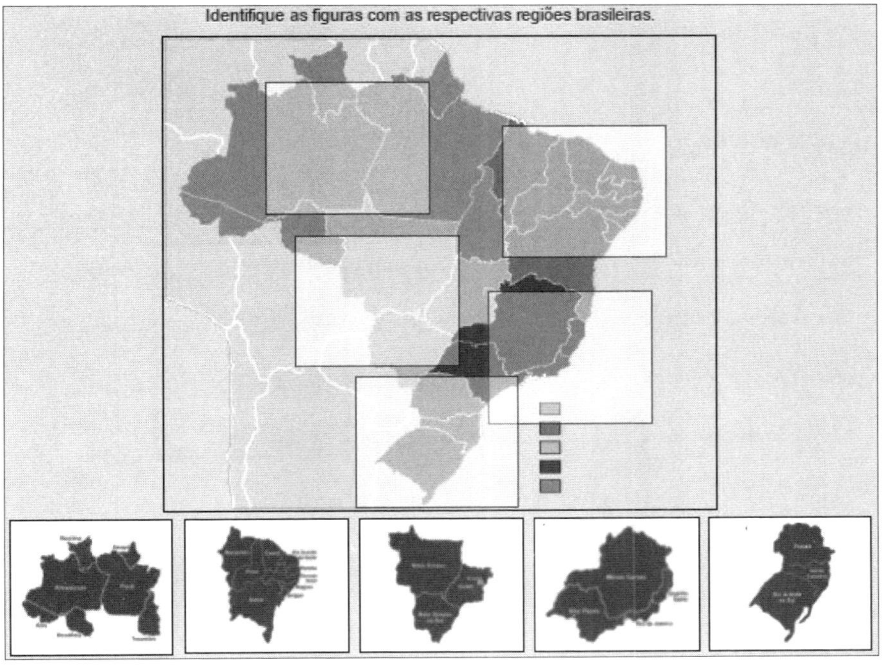

Figura 6.75 – Arrastar e soltar imagens.

- **Uso de marcadores** – Em vez de arrastar figuras, desloca-se o texto, que, por sua vez, será sobreposto em uma região predeterminada. Sua configuração segue o mesmo padrão do *Arrastar e soltar imagens*. A diferença, que também se mostra como uma dificuldade, está na necessidade de se configurar as coordenadas das caixas manualmente, como se vê na Figura 6.76.

Além da adição direta, as questões podem ser escolhidas por intermédio do banco de dados que o software cria automaticamente, conforme mostra a Figura 6.77.

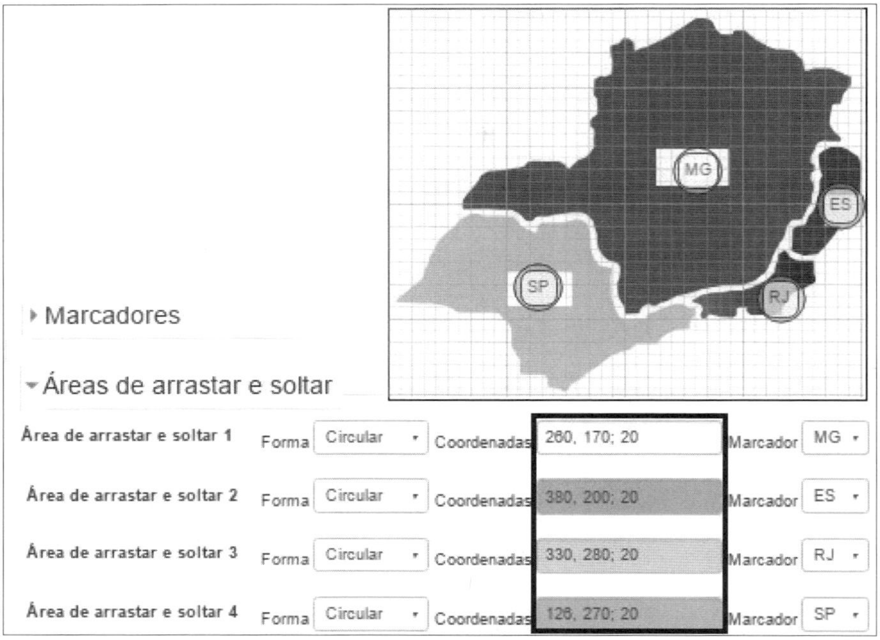

Figura 6.76 – Uso de marcadores.

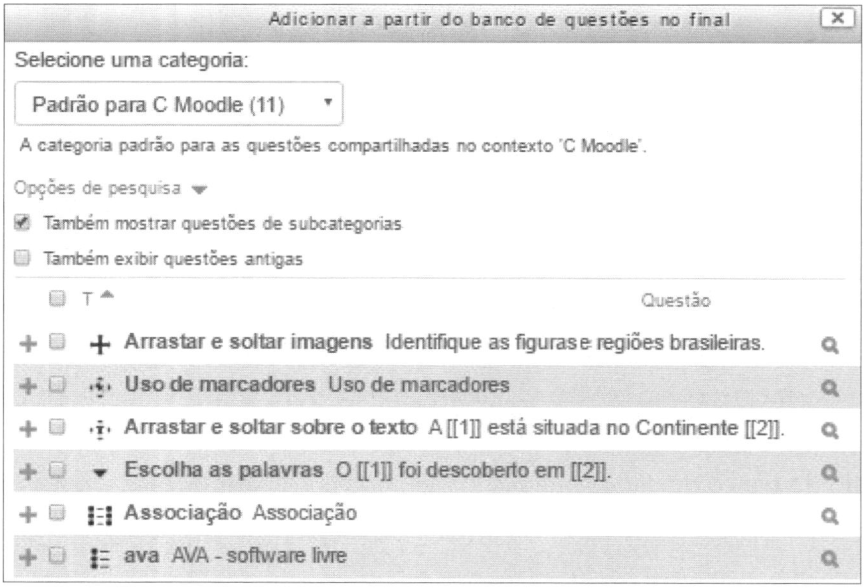

Figura 6.77 – Adição de questões.

Concluída a configuração do questionário, basta salvar e retornar ao curso para que a atividade fique disponível para os participantes.

6.2.10 Scorm/AICC

O pacote Scorm/AICC (Figura 6.78) agrega um conjunto de conteúdos que, criados na forma de pacotes, oferecem a possibilidade de incluir páginas de web, gráficos, programas javascript, apresentações em flash e qualquer programa que seja compatível com a web. Atualmente, há boas opções para a criação de cursos em Scorm, sendo que dois desses se destacam: Course Lab e ExeLearning.

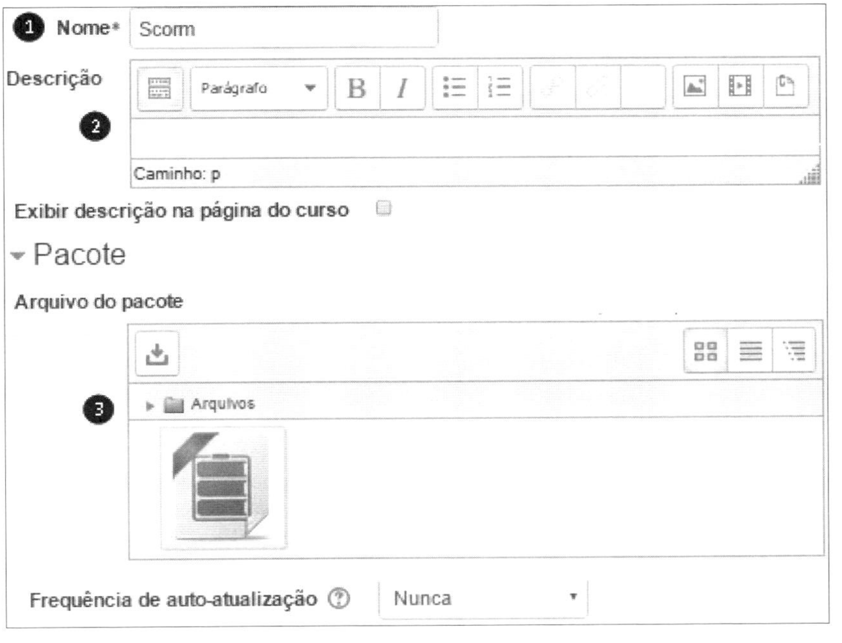

Figura 6.78 – Envio de pacote Scorm.

❶ **Nome** – Tema do curso.

❷ **Sumário** – Explicação e parâmetros do que o participante encontrará ao longo da atividade.

❸ **Arquivo do pacote** – O autor deve clicar em **escolher arquivo** para procurar o arquivo no banco de dados da plataforma ou do computador.

Os demais parâmetros definem a forma como o Scorm será aplicado. Dentre as opções, merecem destaque as relativas à aparência (Figura 6.79) e à gestão de tentativas.

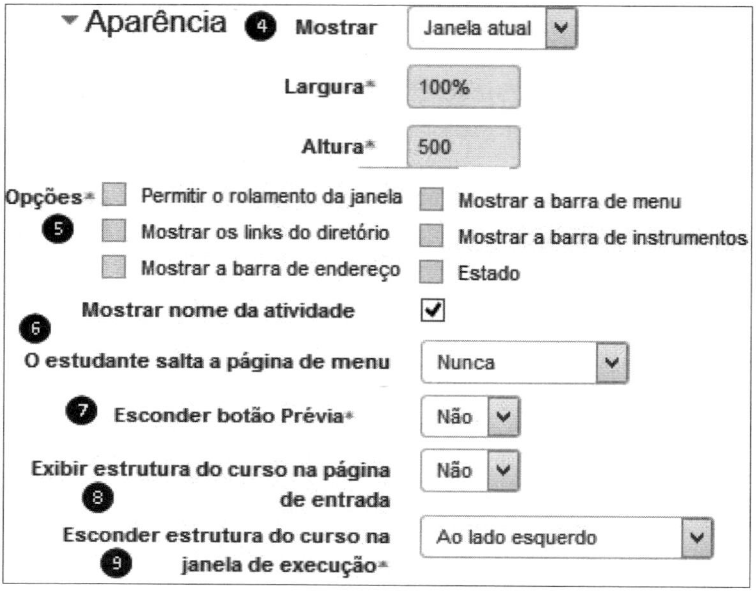

Figura 6.79 – Configuração da aparência.

❹ **Mostrar** – Permite definir se a atividade será exibida na mesma janela ou em uma nova.

❺ **Opções** – Configura as melhores opções para o bom funcionamento da atividade.

❻ **O estudante salta a página do menu** – Define como o participante poderá acessar as páginas.

❼ **Esconder botão de visualização prévia** – É recomendado manter a configuração do sistema com a opção **Não**.

❽ **Esconder estrutura do curso na janela de execução** – Habilita ou não o aparecimento do menu do curso, ou seja, seu índice.

❾ **Esconder estrutura do curso na janela de execução** – Se optar por ocultar, o participante não poderá navegar nas páginas.

Em relação à gestão das tentativas (Figura 6.80), destacam-se:

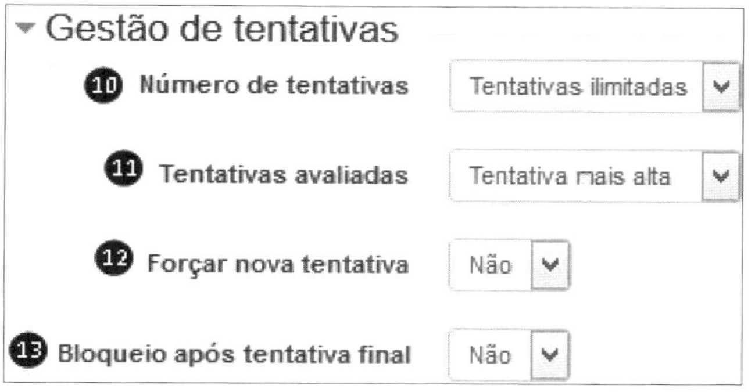

Figura 6.80 – Gestão das tentativas.

⓾ **Número de tentativas** – Indica quantas vezes o participante poderá tentar o acesso ao SCORM.

⓫ **Tentativas avaliadas** – Se assinalada, define o número de tentativas permitidas ao participante.

⓬ **Forçar nova tentativa** – Caso habilitado, cada vez que um pacote SCORM for acessado, será contabilizado como uma nova tentativa.

⓭ **Bloqueio após tentativa final** – Os estudantes serão impedidos de abrir o SCORM quando todas as tentativas disponíveis forem efetivadas.

6.2.11 Tarefas

As tarefas se apresentam de duas formas possíveis. Na opção online, o participante produz e envia um texto diretamente a partir do AVA. Por sua vez, o envio de arquivos permite que planilhas, apresentações ou textos produzidos externamente sejam inseridos e enviados para avaliação (Figura 6.81).

❶ **Nome da tarefa** – Insere-se o nome da atividade.

❷ **Descrição** – Contém o objetivo e os parâmetros da tarefa.

❸ **Exibir descrição na página do curso** – Se acionado, faz com que a descrição seja exibida na área principal do curso.

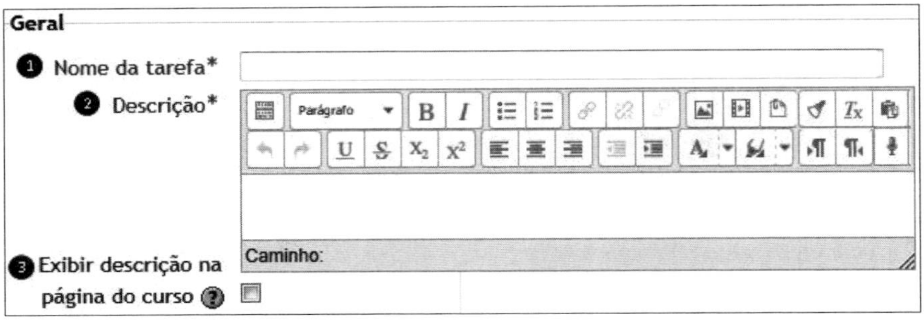

Figura 6.81 – Tarefa.

A caixa de disponibilidade (Figura 6.82) permite que sejam estabelecidos as datas em que o sistema será aberto para receber as tarefas, os prazos para entrega e os limites.

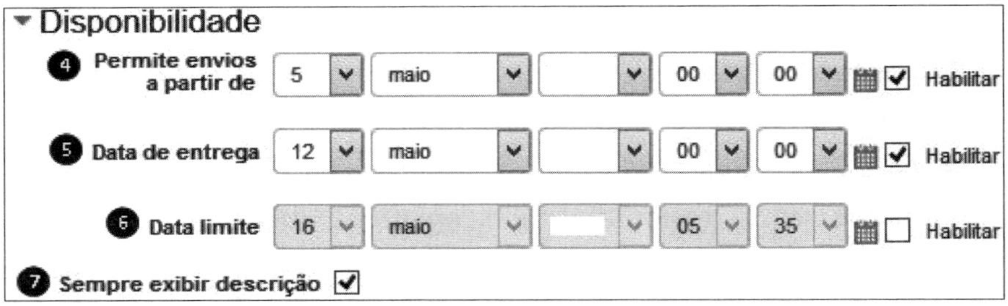

Figura 6.82 – Configurações de disponibilidade.

❹ **Permitir envios a partir de** – Se ativado, permite definir a data e o horário a partir dos quais a atividade poderá ser enviada para análise.

❺ **Data da entrega** – Sua ativação indica o prazo máximo para entrega da atividade.

❻ **Data-limite** – Se acionada, indica a data-limite em que a tarefa poderá ser recebida sem que haja necessidade de prorrogação.

❼ **Sempre exibir descrição** – A opção **sim** indica que a descrição da atividade estará sempre disponível. A escolha pelo **não** fará com que essa só se apresente a partir da data prevista para o envio.

Na caixa de configurações de tipos de envio (Figura 6.83), é possível ajustar as especificidades do texto ou dos arquivos que deverão ser remetidos.

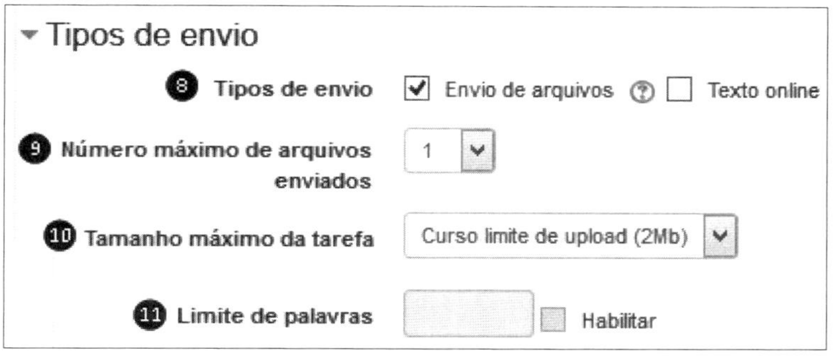

Figura 6.83 – Tipos de envio.

❽ **Tipos de envio** – A tarefa no formato de texto online permite que o participante escreva um texto no formato HTML no mesmo espaço da tarefa, enviando-o, em seguida, para avaliação. Se a opção for pelo envio de arquivos, materiais poderão ser anexados e remetidos. Cabe lembrar que as duas opções podem ser concomitantemente assinaladas.

❾ **Número máximo de arquivos enviados** – Designa quantos arquivos poderão ser enviados.

❿ **Tamanho máximo da tarefa** – Indica qual o tamanho máximo dos arquivos que, eventualmente, podem ser postados pelos participantes.

⓫ **Limite de palavras** – Se a opção **texto online** estiver habilitada, este será o número máximo de palavras que cada aluno poderá remeter.

A escolha adequada da forma como o feedback sobre as notas que um aluno obteve é importante para o processo de aprendizagem. Por isso, a melhor opção é manter todas as três opções disponíveis assinaladas, conforme se vê na Figura 6.84.

Figura 6.84 – Feedback.

Em configurações de envio (Figura 6.85), pode-se detalhar alguns complementos importantes.

Figura 6.85 – Configurações de envio.

⓬ **Exigir que os alunos cliquem no botão enviar** – A opção **Sim** forçará o aluno a clicar no botão enviar para finalizar sua atividade. A vantagem desta opção é permitir que os alunos tenham uma cópia de rascunho de seu trabalho.

⓭ **Exigir aceite de plágio** – Faz com que o sistema exija do aluno a ratificação de que não há plágio no material que estiver sendo remetido.

⓮ **Tentativas reabertas** – Determina como as tentativas de envio do estudante podem ou não ser reabertas. Se a opção for *nunca*, o envio do estudante não pode ser reaberto; *manualmente*, o envio do estudante pode ser reaberto por um professor. Se a opção for por *automaticamente*, o envio do estudante será automaticamente reaberto até que o estudante obtenha a nota estimada para aprovação, considerando-se para isso o valor definido no livro de notas para esta tarefa.

⓯ **Máximo de tentativas** – Esgotado o número máximo de tentativas, o envio não poderá ser reaberto.

A restrição de acesso é um fator importante que permeia as tarefas e todos os demais recursos e atividades. Sua compreensão traz inúmeras possibilidades importantes conforme itens e respectivas funcionalidades constantes da Figura 6.86.

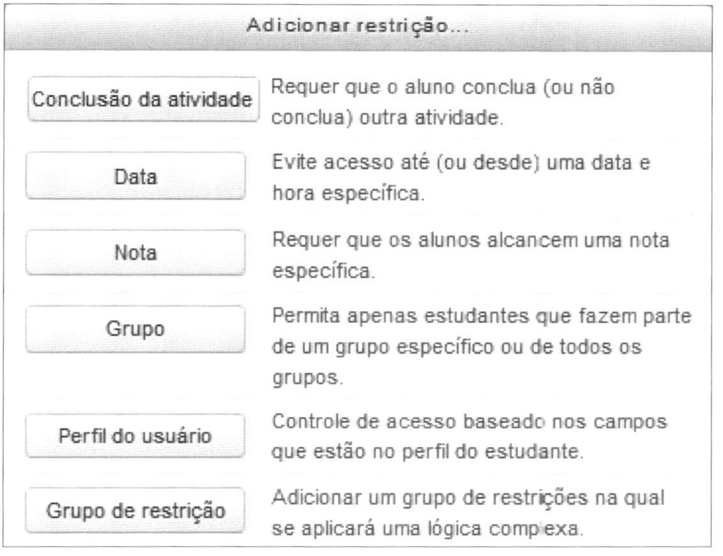

Figura 6.86 – Restrição de acesso.

As configurações de notas, módulos comuns e conclusão de atividade seguem os mesmos padrões já apresentados.

Para que o tutor possa visualizar ou atribuir notas às tarefas já entregues, basta um clique no link da tarefa e, em seguida, no link **ver/enviar todos os arquivos** (Figura 6.87).

Figura 6.87 – Visualização da tarefa.

6.2.12 Wiki

O Wiki permite a construção individual ou colaborativa de documentos, textos e bibliografias a partir do próprio browser, ou seja, online e pelo navegador web. Sua utilização vem, cada vez mais, merecendo destaque em cursos virtuais graças à facilidade de configuração, à possibilidade de atualização e, principalmente, ao seu potencial interativo (Figura 6.88).

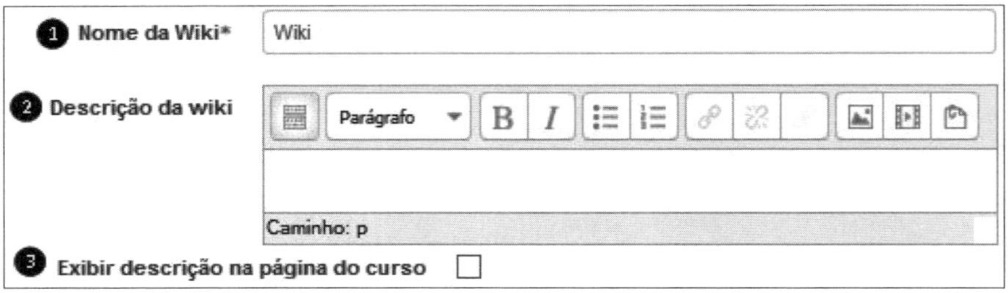

Figura 6.88 – Adição de Wiki.

❶ **Nome** – Insere-se a temática a ser trabalhada no Wiki.

❷ **Descrição do Wiki** – Descreve-se o tema escolhido e os parâmetros para a realização da atividade.

❸ **Exibir descrição na página do curso** – Se acionado, faz com que a descrição seja exibida na área principal do curso.

As configurações são estabelecidas por meio de quatro opções (Figura 6.89).

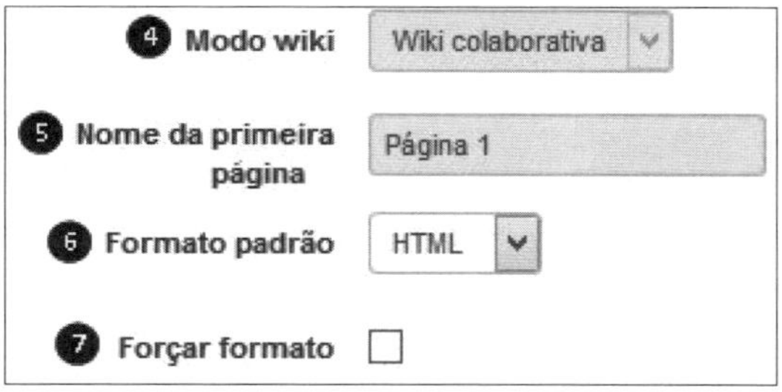

Figura 6.89 – Configuração de Wiki.

❹ **Modo Wiki** – O modo individual permite que cada participante tenha sua página individual. Por sua vez, a versão colaborativa permite a edição coletiva da atividade.

❺ **Nome da primeira página** – Espaço para escrever o nome da primeira página do Wiki.

❻ **Formato-padrão** – Além do padrão HTML, há duas opções: Creole e Nwiki. Ambas habilitam barras de edição especiais que permitem adicionar figuras, alterar fontes e inserir links.

❼ **Forçar formato** – A marcação da caixa impedirá que o formato seja alterado durante a edição do Wiki.

Os instrumentos de avaliação do curso devem ser previamente escolhidos. Os participantes de um curso ficam extremamente desconfiados com relação à qualidade de um trabalho quando esse critério não fica claramente definido.

6.3 Atividades: módulos em destaque

A cada versão do Moodle, novos módulos (Figura 6.90) de atividade são incorporados. O acesso a eles ocorre por meio do link `<Plugins>` do site oficial do software. A seguir, encontram-se algumas das opções que vêm recebendo destaque em virtude de suas possibilidades.

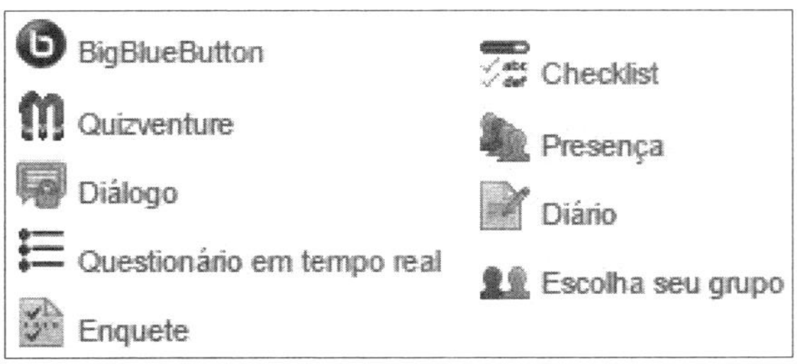

Figura 6.90 – Módulos em destaque.

6.3.1 BigBlueButton

Conforme já apresentado em 5.2.8, o BigBlueButton (Figura 6.91) é uma ferramenta para web conferência com excelentes recursos. Sua usabilidade e capacidade interativa fazem com que este módulo seja uma ferramenta imprescindível no processo ensino-aprendizagem.

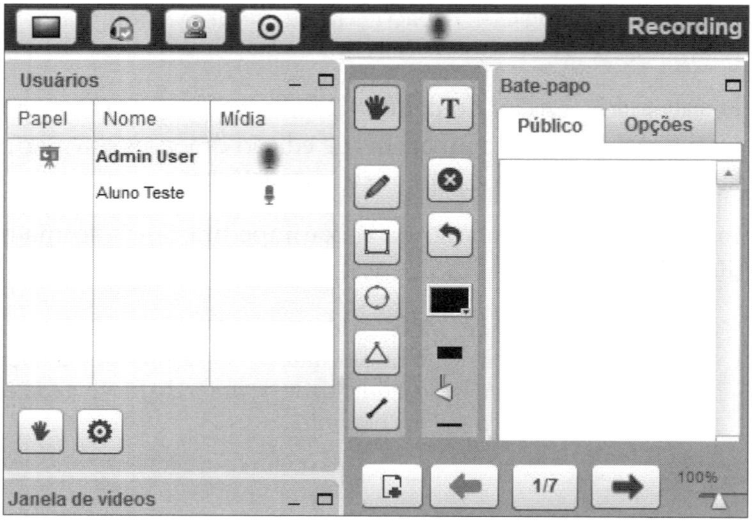

Figura 6.91 – BigBlueButton.

6.3.2 Quizventure

É um módulo que se apropria das perguntas pertencentes a uma categoria e as transforma em um jogo (Figura 6.92).

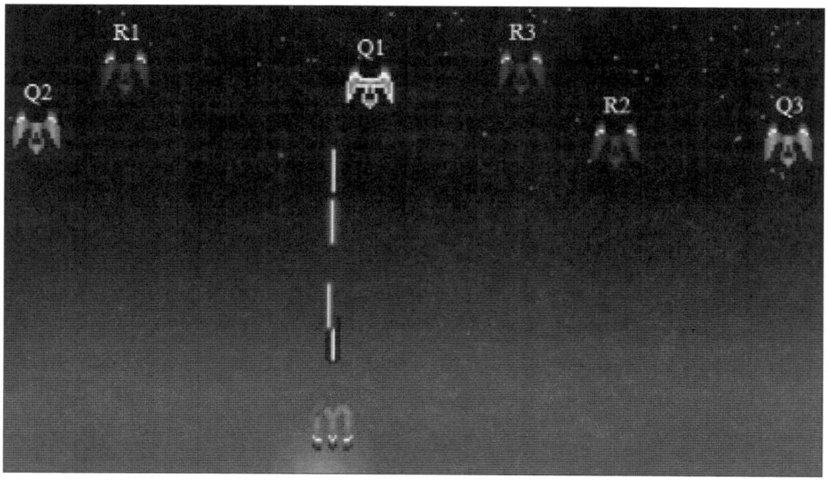

Figura 6.92 – Quizventure.

Para sua configuração, a melhor opção é criar uma categoria especial (Figura 6.93) em que as questões serão inseridas. Para isso, deve-se acessar o menu **banco de questões**, que se encontra em **administração do curso**, criar a categoria e, em seguida, desenvolver as perguntas.

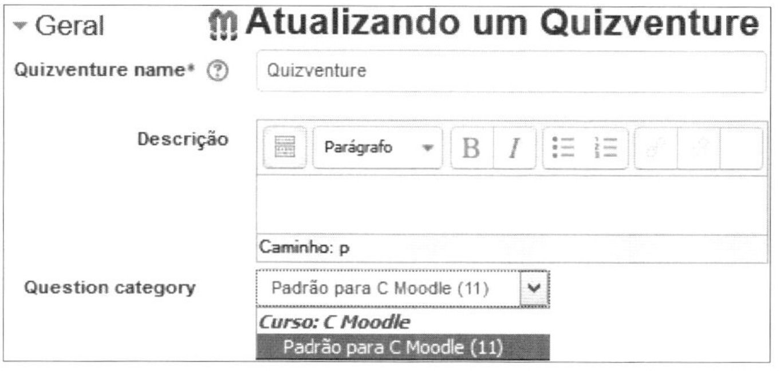

Figura 6.93 – Categoria.

6.3.3 Diálogo

O Diálogo (*Dialogue*) é fórum privativo onde o professor/tutor pode estabelecer um mural permanente (Figura 6.94) de contato com alunos individualmente ou com grupos e destes entre si. É importante destacar que diversos diálogos podem ser abertos simultaneamente.

Figura 6.94 – Diálogo.

6.3.4 Questionário em tempo real

O *Realtime quiz* permite que as questões sejam respondidas em horário, dia e tempo previamente determinados. A diferença em relação a outros tipos *quizzes* é que a atividade só pode ser iniciada no momento em que o professor estiver online, pois cabe a ele disponibilizar, gradativamente, cada uma das questões. Quando encerrado, a nota será automaticamente apresentada ao aluno (Figura 6.95).

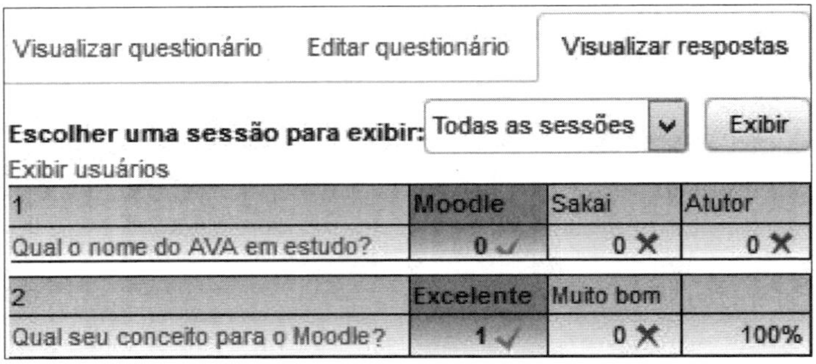

Figura 6.95 – Questionário em tempo real.

6.3.5 Certificado

É uma excelente opção, pois permite a emissão automática de certificados (Figura 6.96) quando o participante concluir determinadas atividades ou o curso como um todo. Sua versatilidade é reforçada pelas inúmeras possibilidades de configurações disponíveis.

Figura 6.96 – Certificado.

6.3.6 JClic

São aplicações de código aberto que viabilizam a criação de diferentes atividades como, por exemplo, quebra-cabeça, palavras cruzadas, caça--palavras (Figura 6.97). Além disso, oferecem ligação direta com um repositório (ClicZone), sob responsabilidade do Ministério da Educação da Catalunha (Espanha), contendo inúmeras atividades já prontas que podem ser livremente utilizadas.

Figura 6.97 – JClic.

Para saber mais sobre o Portal ClicZone, acesse *http://clic.xtec.cat/ca/index.htm.*

6.3.7 Jogos

A possibilidade de incorporar jogos diretamente ao Moodle permite que atividades lúdicas sejam facilmente incorporadas a cursos e atividades. Atualmente, o módulo *game* permite a disponibilização de forca, palavras cruzadas, *sudoku*, sopa de letras, milionário, serpente, imagem oculta e livro de perguntas, conforme apresentado na Figura 6.98.

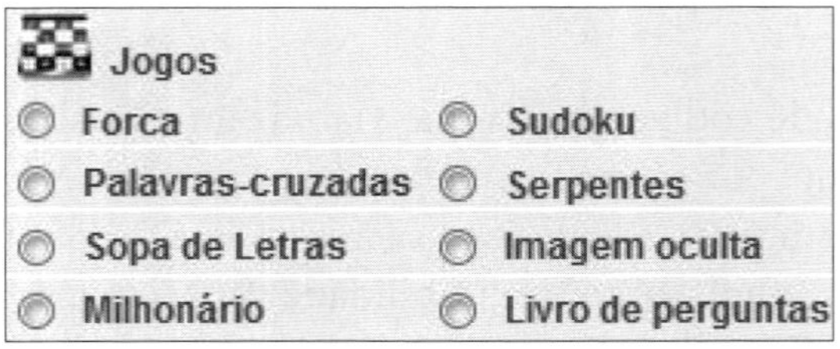

Figura 6.98 – Jogos.

6.3.8 Enquete

O gerador de enquetes (Figura 6.99) é bastante funcional. Tem diferentes tipos de formatação para as questões, gerando respostas rápidas para diferentes tipos de objetivos educacionais.

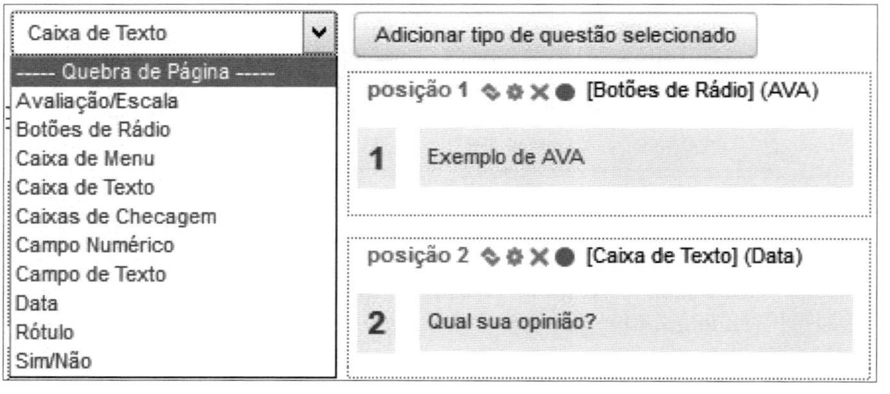

Figura 6.99 – Enquete.

6.3.9 Checklist

Uma lista de atividades (Figura 6.100) que devem ser feitas pode ser previamente configurada pelo professor, o que não impede que o próprio participante insira suas tarefas na lista e, assim, possa ir assinalando as ações já concluídas. Da mesma forma que a barra de progresso, também pode fornecer um relatório visual sobre a situação dos alunos.

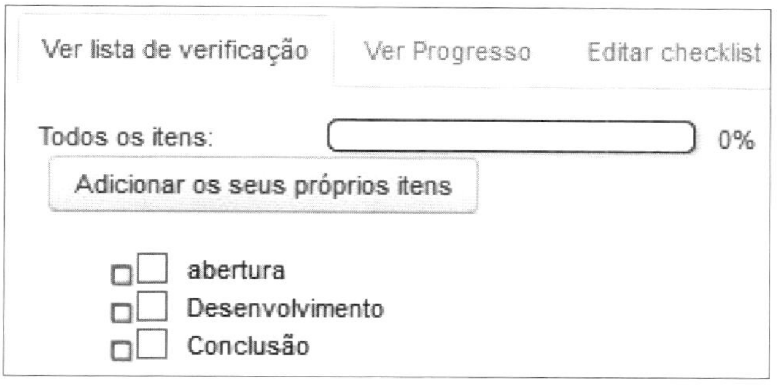

Figura 6.100 – Checklist.

6.3.10 Relatório de presença

O objetivo do *attendance* é verificar o comparecimento de um aluno em determinado momento preestabelecido no Moodle (Figura 6.101). É ideal para cursos em que os alunos precisam comprovar participação online em determinadas atividades.

Figura 6.101 – Relatório de presença.

6.3.11 Diário

Apresenta uma página reservada em que um participante pode fazer suas anotações particulares, que podem ser consultadas e modificadas sempre que necessário.

6.3.12 Escolha seu grupo

Ao utilizar este módulo, o tutor permite que o próprio participante escolha o grupo que deseja integrar, conforme se observa no exemplo da Figura 6.102.

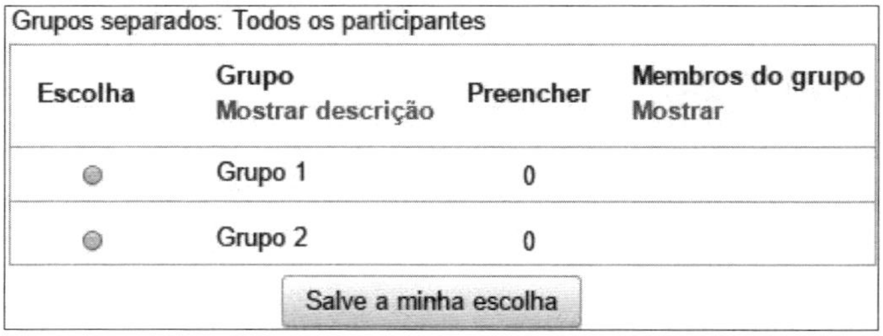

Figura 6.102 – Escolha seu grupo.

CAPÍTULO 7
Prática inovada

O uso de ambientes virtuais de aprendizagem requer criatividade, planejamento e atenção aos novos recursos e às novas possibilidades que são oferecidos pelo crescente processo de digitalização da informação. Quando esses fatores não são considerados, o design educacional do curso tende a se resumir à simples importação de conteúdos e impressos sem que qualquer critério de qualidade ou compromisso com a aprendizagem seja levado em consideração. Diante disso, este capítulo visa apresentar alguns recursos externos ao Moodle e a seus módulos e plugins. A ideia é poder agregar valor à configuração do Moodle e aos cursos que serão disponibilizados nele.

7.1 Planejando um curso

Independentemente do modelo de planejamento adotado, alguns passos preliminares são essenciais para o sucesso de um plano quando o assunto é a configuração de um AVA. Assim, deve-se primeiro analisar as diretrizes contidas no projeto pedagógico do curso em questão. Cumprida esta etapa, o próximo passo é conhecer as diretrizes da equipe gestora e pedagógica de sua instituição. A partir daí, será possível a identificação das mídias e tecnologias que serão disponibilizadas no curso e a definição de como cada uma será utilizada. Nesse contexto, cabe destacar que os impressos, a internet, o CD, o DVD e a televisão, conjugados com os ambientes virtuais de aprendizagem, são os mais comuns atualmente.

Cumprida a primeira preliminar, o design educacional do curso estará pronto para ser estabelecido. A observação das fases descritas por Filatro e Cairo (2015) – análise, design, desenvolvimento, implementação e avaliação – torna-se fator decisivo para a estruturação adequada do ambiente virtual, uma vez que esse espaço deve ser capaz de proporcionar a realização dos objetivos de aprendizagem previstos, a manutenção do interesse do aluno, informações e exemplos úteis e adequados, estratégias de aprendizagem criativas, dicas, sugestões de leituras, práticas adequadas, sínteses, revisões e feedback, entre outros elementos.

Apesar de cumpridas todas as etapas do design educacional, há aspectos de configuração tanto do AVA quanto dos cursos que fazem com que muitas pessoas não se adaptem ao software. Afinal, como fugir do tradicional padrão de criação de cursos no Moodle (Figura 7.1)?

Figura 7.1 – Padrão de criação de cursos do Moodle.

Nos capítulos anteriores, observou-se que o Moodle, por si só, traz uma grande variedade de recursos, atividades e blocos. No entanto há elementos externos que são interessantes e podem contribuir muito para que o curso também seja mais interessante, funcional e tenha mais capacidade para atender às necessidades dos participantes. Apesar de parecer uma medida simples, as pequenas mudanças podem ser decisivas para a aprendizagem. As figuras a seguir apresentam algumas opções de layout de um curso hospedado no Moodle.

A Figura 7.2 apresenta um layout alternativo para a tela inicial do curso.

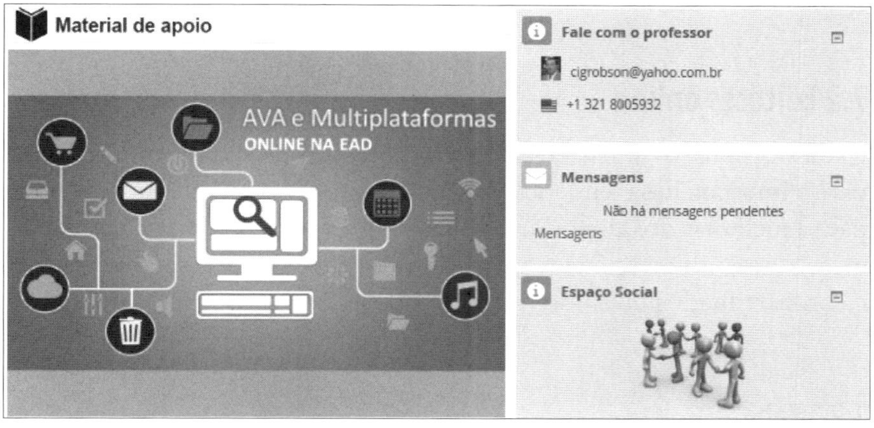

Figura 7.2 – Layout alternativo para tela inicial.

A Figura 7.3 traz uma alternativa para a apresentação de recursos e atividades.

Figura 7.3 – Recursos e atividades.

A inovação do trabalho com o Moodle tem na Web 2.0 uma de suas fontes mais valiosas. Isso se deve não só à variedade de possibilidades que a nova web oferece, mas, principalmente, às características interativas que esses softwares e serviços disponibilizarão. Assim, as categorias apresentadas a seguir descrevem alguns desses programas e suas funcionalidades.

7.2 Editores online

Cada vez mais, os softwares migram do disco rígido dos computadores para a internet. Essa tendência traz algumas oportunidades interessantes para a melhoria dos cursos que utilizam ambientes virtuais de aprendizagem. Nesses editores, uma vez criados, os arquivos podem ser modificados e compartilhados por todos os participantes de um grupo.

7.2.1 Zoho

Entre os principais serviços, o primeiro destaque é do software Zoho (Figura 7.4). Seus serviços se baseiam na oferta gratuita de planilhas, tabelas, textos, apresentações, salas de chat, agenda e muitos outros recursos.

Site: *www.zoho.com*

Figura 7.4 – Zoho.

7.2.2 Google Drive

Assim como o Zoho, o Google Drive (Figura 7.5) oferece ferramentas muito interessantes aos usuários. Seu diferencial consiste nos inúmeros serviços do Google que ele é capaz de agregar.

Observa-se ainda que, além do compartilhamento e da criação coletiva, em ambos os casos, todos os arquivos gerados podem ser salvos diretamente nas máquinas dos participantes. Isso permite que seu uso no Moodle possa ser feito tanto via portfólio previamente habilitado quanto por meio de links externos e diretos. Pode-se ainda optar pela disponibilização dos arquivos nos fóruns, nas salas de chat e nos wikis, entre outros ambientes.

Site: *https://www.google.com/intl/pt-BR/drive/*

Figura 7.5 – Google Drive.

7.3 Exibição, compartilhamento e edição

A Web 2.0 tem como uma das principais características a gratuidade. Atualmente, a rede disponibiliza serviços muito especiais e, no entanto, ainda pouco utilizados para fins educacionais formais. O Moodle, por meio do bloco HTML e do recurso Rótulo, oferece boas oportunidades para a utilização desses serviços. Seguem algumas considerações sobre alguns dos que mais se destacam atualmente: Slideshare, Authorstream, YouTube, Teachertube e Movie Maker.

7.3.1 Slideshare

O Slideshare (Figura 7.6) possibilita a disponibilização e o compartilhamento de arquivos em diferentes formatos: pdf, ppt, pps, pptx, ppsx, pot, potx, odp (OpenOffice), doc, docx, rtf, xls, odt e ods. A partir do carregamento, os arquivos ficam à disposição de todos os que se cadastrarem no serviço, permitindo, inclusive, o download das apresentações e dos documentos.

Site: *www.slideshare.net*

Figura 7.6 – Slideshare.

7.3.2 Authorstream

O Authorstream (Figura 7.7), da mesma forma que o Slideshare, destaca-se pela possibilidade de compartilhamento e exibição de arquivos. Sua limitação é o fato de aceitar apenas arquivos em formato PowerPoint. No entanto, apresenta a vantagem de ter carregamento mais rápido quando compartilhado em páginas da web.

Site: *www.authorstream.com*

Figura 7.7 – Authorstream.

7.3.3 YouTube

De todos os serviços de stream e compartilhamento, o YouTube é o mais popular. A variedade de temas abordados e a boa qualidade de imagem, aliadas à facilidade de uso e visualização, fazem desse serviço um dos grandes ícones da web. Atualmente, seu uso integrado ao Moodle pode ser feito de diferentes formas: criação de videotecas via recurso página web, uso do bloco HTML e uso do recurso Rótulo são os mais comuns. No entanto já existem plugins que permitem a criação de uma pasta específica para a disponibilização de arquivos no YouTube (Figura 7.8).

Site: *www.youtube.com*

Figura 7.8 – YouTube.

7.3.4 Teachertube

Conforme o nome já indica, o Teachertube (Figura 7.9) é um serviço que tem os mesmos princípios de funcionamento do YouTube. A diferença é o fato de seus vídeos serem, exclusivamente, relacionados à educação. Recentemente, o serviço passou por upgrades e também aceita a incorporação de outros tipos de recursos.

Site: *www.teachertube.com*

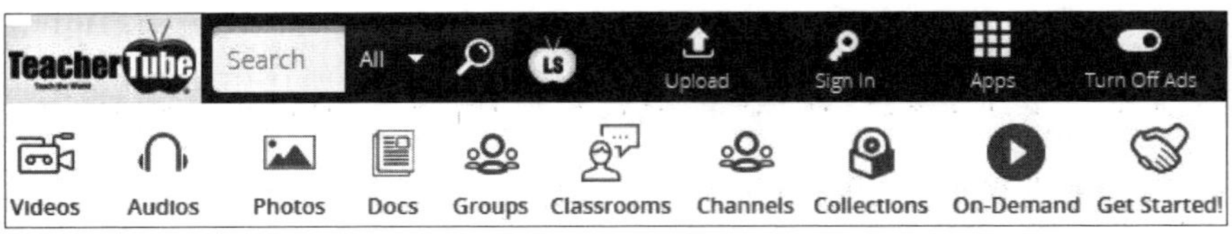

Figura 7.9 – Teachertube.

Em todos os serviços citados, ratifica-se a importância do uso dos códigos de compartilhamento. Sua utilização permite que o AVA tenha excelente recursos sem que o servidor de internet tenha de receber arquivos grandes e de difícil visualização. Na Figura 7.10 há um exemplo de código.

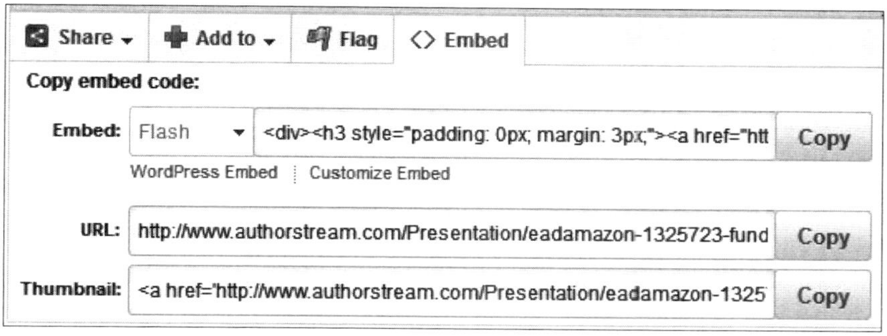

Figura 7.10 – Exemplo de código.

Os códigos ficam disponibilizados nas caixas denominadas **Incorporar** ou **Embed**.

7.3.5 Movie Maker

Descritas as possibilidades de compartilhamento, novos questionamentos normalmente se fazem presentes – afinal, qual a melhor alternativa para produzir um filme para esses serviços? Seja para a produção de vídeos por meio de fotos e figuras ou da junção de filmes já existentes, o Windows Movie Maker (Figura 7.11) ainda é uma excelente opção.

Site: *http://windows.microsoft.com/pt-br/windows/movie-maker*

Figura 7.11 – Movie Maker.

7.4 Atividades

Apesar de haver opções interessantes que podem ser configuradas diretamente no Moodle, a web oferece muitas atividades que podem ser agregadas com excelentes resultados.

7.4.1 Objetos de aprendizagem

Os objetos de aprendizagem (OA), de uma forma geral, podem ser definidos como recursos digitais que podem ser reutilizados visando facilitar a aprendizagem de determinado assunto ou conteúdo. O Moodle é, por concepção, um espaço promissor para o pleno aproveitamento desses recursos. Normalmente produzidos em formato Scorm ou HTML, os OA são excelentes opções para simulações e exercícios de experimentação.

No Brasil e no exterior, há muitas instituições que oferecem gratuitamente bancos de objetos de excelente qualidade. Entre as opções em língua portuguesa, destaca-se o Banco Internacional de Objetos de Aprendizagem (Figura 7.12). Criado em 2008 pelo Ministério da Educação, em parceria com o Ministério da Ciência e Tecnologia, a Organização dos Estados Ibero-Americanos e a Rede Latino-Americana de Portais Educacionais, entre outras instituições, objetiva disponibilizar recursos educacionais digitais de livre acesso a docentes de diferentes áreas do conhecimento.

Site: *http://objetoseducacionais2.mec.gov.br*

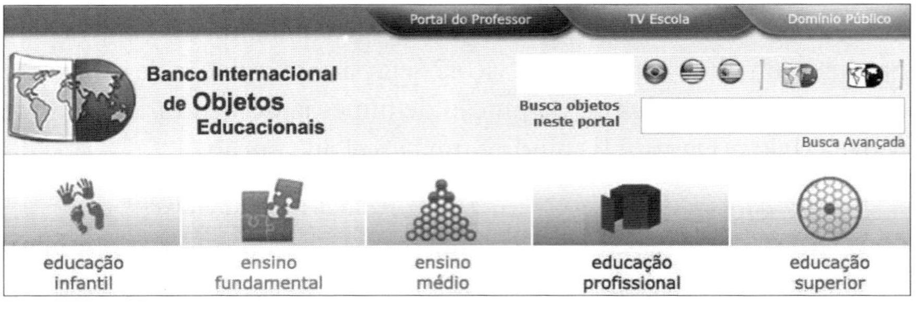

Figura 7.12 – Banco Internacional de OA.

7.4.2 Blendspace

Este serviço (Figura 7.13) oferece a oportunidade para que, em um único espaço, possam ser reunidos websites, filmes, imagens e questões de múltipla escolha, formando uma estrutura que viabiliza oportunidades de aprendizagem com diferentes formas interativas. Apresenta-se assim como uma excelente alternativa para substituir ou complementar conteúdos disponibilizados no Moodle. Site: *www.blendspace.com*

Figura 7.13 – Blendspace.

7.4.3 Joomag

O Joomag (Figura 7.14) é um serviço para a criação de livros digitais. Além da utilização de textos, o e-book pode incorporar vídeos, músicas, imagens, caixa de textos, endereços da web e arquivos em formato PDF.

Site: *www.joomag.com*

Figura 7.14 – Joomag.

7.4.4 Dipity

As timelines são recursos com grande impacto na área educacional. Neste contexto, o Dipity (Figura 7.15) é uma das melhores opções da atualidade. A configuração por meio de datas e figuras pode ser potencializada por caixas de texto e vídeos.

Site: *www.dipity.com*

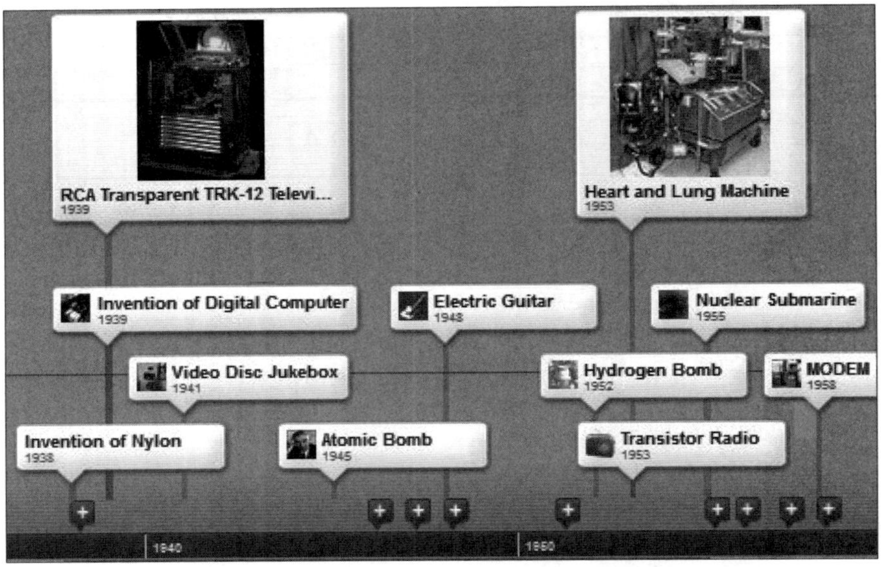

Figura 7.15 – Dipity.

O Moodle aceita objetos de aprendizagem por meio de duas formas: inserindo o link da página web que contém o objeto diretamente no AVA ou a partir do carregamento do OA para a pasta de arquivos do AVA, disponibilizando o objeto na área do curso.

Caso o arquivo baixado seja um Scorm, a melhor opção para uso do objeto será por meio do comando – Inserir atividade – Scorm.

7.5 Moodle: evolução permanente

O Moodle é um software em permanente evolução. A cada semana, aperfeiçoamentos e novas ferramentas são disponibilizados. A melhor opção é estar sempre atento ao site oficial do Moodle. Além dessa referência, as instituições e os serviços listados a seguir também podem colaborar com suas pesquisas.

- **ABRAEAD** (*www.abraead.com.br*)

  O Anuário Brasileiro Estatístico de Educação Aberta e a Distância traz informações, números e estatísticas sobre a EAD no Brasil.

- **Associação Brasileira de Educação a Distância** (*www.abed.org.br*)

  Sociedade científica que visa a promover a EAD no Brasil.

- **Delicious** (*www.delicious.com*)

  Reúne endereços virtuais relacionados a diferentes temas debatidos neste livro.

- **EAD Amazônia** (*www.consultoriaeadamazon.com*)

  Rede social destinada ao compartilhamento de informações e eventos sobre EAD.

- **MOODLE** (*www.moodle.org*)

  Site oficial do Moodle para download do software, plugins, módulos e documentos de apoio.

- **WEBEDUC** (*http://webeduc.mec.gov.br*)

  Reúne importantes serviços oferecidos pelo Ministério da Educação.

Referências

ALMEIDA, Maria Elizabeth. *Educação a distância na Internet: abordagens e contribuições dos ambientes virtuais de aprendizagem*. Educação e Pesquisa, São Paulo, v. 29, n. 2, pp. 237-40, jul./dez. 2003.

BASTIEN, C.; SCAPIN, D. (1993). RT-0156 – *Ergonomic criteria for the evaluation of human-computer interfaces*. Rapport technique de l'INRIA. Disponível em: <*http://www.inria.fr/rrrt/rt-0156.html*>. Acesso em 8 set. 2007.

Campos, F. C. A; da Rocha, A. R. C.; de Campos, G.H.B. *Design Instrucional e Construtivismo: Em Busca de Modelos para o Desenvolvimento de Software*. Disponível em: <*http://www.niee.ufrgs.br/ribie98/TRABALHOS/250M. PDF*>. Acesso em 20 out. 2007.

COMMONWEALFH OF LEARNING. *Conceber materiais de ensino aberto e a distância*. Canadá: COL, 2003.

FILATRO, Andréa; CAIRO, Sabrina. *Produção de conteúdos educacionais*. São Paulo: SARAIVA, 2015.

LABUTIL/UFSC. *Projeto ErgoList*. Disponível em: <*http://www.labiutil.inf. ufsc.br/ ergolist/quest.htm*> Acesso em 13 dez. 2007.

MATTAR, João. *Games em educação*. São Paulo: Pearson Prentice Hall, 2010.

MOODLE. Documentos. Disponível em: <*http://docs.Moodle.org*> Acesso em 14 jan. 2016.

PAIS, Luiz Carlos. *Educação escolar e as tecnologias da informática*. Belo Horizonte: Autêntica, 2005.

PEREIRA, João Thomaz. Educação e sociedade da informação. In: Coscarelli, Carla; Ribeiro, Ana Elisa (Org.). Letramento digital: aspectos sociais e possibilidades pedagógicas. Belo Horizonte: Ceale Autêntica, 2005.

RONCARELLI, Dóris. *Pelas asas de Ícaro: o reomodo do fazer pedagógico – construindo uma taxonomia para a escolha de ambiente virtual de ensino-aprendizagem*. Florianópolis: UFSC, 2007. Dissertação (Mestrado em Educação), Centro de Ciências da Educação, Universidade Federal de Santa Catarina, 2007.

ROSENBERG, Marc. *E-learning: estratégias para a transmissão do conhecimento na era digital*. São Paulo: Makron Books, 2002.

SILVA, Marco. *Educação online*. São Paulo: Loyola, 2003.

SILVA, Robson. Ambientes virtuais de aprendizagem e multiplataformas online: didática e design tecnológico de cursos online. São Paulo: Novatec, 2015.